AF318006

ÉTUDES

SUR LE

RECRUTEMENT DE L'ARMÉE

A. GUYOT, IMPRIMEUR,
Rue Neuve-des-Petits-Champs, N° 35.

ÉTUDES

SUR LE

RECRUTEMENT DE L'ARMÉE,

SUIVIES

D'UN PROJET DE LOI,

Par M. JOFFRÈS,

Avocat à la Cour royale de Paris.

Nouveau Système de Recrutement.

PARIS,

A la Librairie militaire de J. DUMAINE ,	A. GUYOT et SCRIBE , Libraires ,
(Maison Anselin),	Éditeurs de l'*Almanach Royal* ,
36 , rue Dauphine, dans le passage.	35 , rue Neuve-des-Petits-Champs.

1843.

AVANT-PROPOS.

Au moment où la Chambre des Députés va s'occuper de nouveau de la loi sur le recrutement de l'armée, nous avons pensé qu'il pouvait être opportun de faire connaître par la voie de l'impression, les études auxquelles nous nous sommes livré sur une question aussi importante. Appelé par l'exercice de notre profession à défendre les intérêts de jeunes citoyens qui n'avaient pas été mis en demeure de payer à l'État leur dette militaire, nous dûmes, pour établir leur défense, examiner les principes généraux de la loi que l'on invoquait contre eux. Nos recherches, utiles pour les faits spéciaux, ont provoqué des discussions que nous nous sommes efforcé de rendre profitables pour cette partie de la législation militaire, et peut-être n'ont-elles pas été sans résultat.

Nous nous rappelons qu'au début de notre carrière, en 1828, nous fûmes chargé de faire valoir les droits à la libération du service militaire, d'un artiste de l'Opéra, père de famille qui, malgré ses trente-deux ans, avait été compris comme jeune soldat, sur les listes de recrutement du département de la Seine. La première question que nous soulevâmes devant le conseil de révision porta sur le mérite de l'article 1er de la loi de 1818, qui, faisant de l'engagement volontaire le principe de la loi, ne permettait de recourir aux appels qu'en cas d'insuffisance des engagemens. La seconde question fut de savoir si, l'article 10 prévoyant le cas d'une omission, l'autorité pouvait appeler au service militaire l'individu omis, n'importe l'époque à laquelle l'omission serait découverte. La publicité que reçurent ces débats fit porter ces mêmes questions devant plusieurs autres conseils, et notamment devant ceux de Blois, de Toulouse et de Strasbourg.

Une polémique s'engagea entre les organes de la presse, et lorsque vint le projet de loi de 1832, nous eûmes la satisfaction de voir notre doctrine admise par l'article 1er. Cet article, au contraire de l'ancienne loi, fait des appels la partie principale du recrutement, et ne considère les engagemens volontaires que comme accessoires. L'article 10 fut aussi modifié dans notre sens, et aujourd'hui la loi déclare libérés à tout jamais du service militaire les individus qui n'ont pas été appelés avant l'âge de trente ans.

Depuis, une question nouvelle a été soulevée par nous sur l'art. 39 de la loi de 1832, au sujet des jeunes soldats retardataires. Cette question, plutôt de détail que de principe, et néanmoins fort intéressante, a motivé le changement de cet article dans le sens des diverses théories que nous avons soutenues devant les conseils de guerre. — Heureux si nos efforts et nos luttes judiciaires ont été assez empreints d'intérêt pour fixer l'attention, et révéler quelques lacunes que la pratique de la loi nous mettait à même de découvrir! Que l'on veuille bien nous pardonner si nous osons réclamer une faible part dans ces modifications législatives.

Mais la tâche que nous entreprenons aujourd'hui est bien plus grande, puisque dans ces *Études* que nous livrons à la publicité, il s'agit d'un changement complet du système général de recrutement; système vicieux dans son principe, et dont les conséquences menacent la bonne composition de l'armée.

La pensée qui a guidé notre travail a été de concilier les intérêts de l'armée avec ceux des familles, de telle sorte que, les vices du recrutement disparaissant, le recrutement lui-même devînt profitable à la population.

Nous avons pensé qu'il fallait que la loi projetée eût d'abord pour effet de supprimer le remplacement qui excite de si vives plaintes; de produire ensuite des contingens annuels composés d'hommes vigoureux et bien disposés pour l'état militaire; de conserver dans les rangs de l'armée un grand nombre de vieux soldats, et de réunir enfin les élémens d'une bonne réserve, fortement constituée.

Cette première partie, qui se rattache à la composition immédiate de l'armée, venant à être réalisée, nous pouvons espérer que notre système aura aussi pour effet de détruire l'insoumission, de prévenir les cas de désertion, de diminuer, en général, la somme des délits militaires, et d'obtenir surtout une bonne discipline sans rigueurs.

Un point capital était de ne pas augmenter les dépenses de l'État. Si nous ne nous trompons, l'ensemble du système produira, au contraire, une diminution des charges publiques.

Loin de nuire aux intérêts agricoles, la loi proposée les fera prospérer en répandant annuellement dans les campagnes un grand nombre de petits capitaux, qui seront enlevés à la corruption, à la dépravation et à la fraude. — Nous espérons que l'armée sera satisfaite par les nouveaux contingens qu'elle recevra, et que, de leur côté, les familles verront avec plaisir leurs enfans se vouer à l'état militaire qui leur donnera de légitimes avantages.

Le seul moyen d'atteindre de si importans résultats était de faire prédominer dans la loi le principe de l'*égalité des charges* en appelant *tous* les jeunes Français à *participer directement* ou *indirectement* au recrutement de l'armée.

Après avoir établi les dispositions légales qui doivent régler le nouveau système, et démontré qu'avec le remplacement, toujours progressif, il n'y a pas possibilité d'améliorer le recrutement actuel, nous avons cherché à mettre en évidence les immenses avantages que nous apercevons dans l'adoption des principales dispositions de notre projet.

Nous croyons faire œuvre de bon citoyen, et donner une preuve de notre dévouement aux intérêts généraux du pays, en livrant à la méditation des hommes d'Etat le tribut de nos faibles lumières.

JOFFRÈS,

Avocat à la Cour royale de Paris.

ÉTUDES

SUR LE

RECRUTEMENT DE L'ARMÉE.

Première Partie.

Considérations générales.

De la nécessité de faire une loi qui concilie les intérêts
de l'armée avec ceux de la population.

Le recrutement de l'armée est une institution qui, par son importance, mérite de fixer au plus haut degré l'attention des publicistes et des hommes d'État ; la loi qui le régit touche aux intérêts les plus chers des familles, elle est la base fondamentale de la force publique. Cette loi tient constamment en présence, sur deux lignes opposées, les intérêts privés des citoyens et les intérêts généraux de la patrie. Plus les besoins de l'armée sont grands, plus ils imposent de sacrifices à la population. La lutte entre ces deux grands intérêts est

I

incessante, et cependant c'est de leur conciliation que dépendent la bonne composition de l'armée, la paix et la tranquillité des familles.

Tel est le problême qui a fait l'objet de nos méditations : puissent les études auxquelles nous nous sommes livré, jeter quelques lumières dans la discussion du nouveau projet de loi (1); puissent-elles amener le Gouvernement et les Chambres à changer le système actuel de recrutement, et à adopter un mode nouveau qui, dans notre pensée, donnerait des résultats aussi avantageux pour l'armée que pour la population entière.

Il est certain qu'une armée essentiellement liée, par son mode de recrutement, aux principes généraux de l'organisation constitutionnelle, doit acquérir dans le pays une grande force morale. Cette puissance intérieure, sauvegarde de l'ordre public, la rendra d'autant plus respectable pour les nations étrangères, que le nombre et la force de ses bataillons seront l'expression vraie des plus vives sympathies du peuple.

Deux élémens principaux sont nécessaires à la constitution d'une bonne armée : un cadre de bons officiers pour commander; des soldats dévoués et bien disciplinés sachant obéir.

Si une législation spéciale pourvoit actuellement au premier de ces besoins en réglant l'avancement et l'avenir des officiers, il faut reconnaître qu'il est non moins juste, et non moins utile, de déterminer aussi d'une manière spéciale les avantages que les bons soldats doivent retirer de leurs services militaires. C'est là une lacune que les lois précédentes ont laissé subsister, et que le gouvernement de juillet doit faire disparaître.

------

(1) Projet voté par la Chambre des Pairs en 1843, et actuellement à l'état de rapport devant la Chambre des Députés.

La France, si glorieuse par ses anciens comme par ses nouveaux triomphes, n'a point cessé d'être progressive; elle peut, sans le moindre danger, conservant du recrutement actuel les traditions utiles, procéder à de grandes améliorations que réclament les vœux des familles et l'esprit national. Déjà, dans plusieurs sessions législatives, les hommes les plus éclairés, les généraux les plus illustres, ont fait retentir la tribune des plaintes énergiques soulévées par cette partie de la législation.

M. le maréchal ministre de la guerre, dont la vive sollicitude pour l'armée ne le cède en rien à sa haute science militaire, a été l'un des premiers à proclamer l'urgence d'une réforme. Ému surtout par les déplorables effets du remplacement, il a proposé des mesures destinées à combattre cet élément de désordre; mais, les discussions approfondies auxquelles s'est livrée la Chambre des Pairs ont fait ressortir la très-grande difficulté d'arriver, avec le systême en vigueur, à l'adoption d'une loi qui, sans trop grever la population, pût donner à la France une meilleure composition de la force publique. Tous les orateurs ont signalé le vice qui cause une perturbation si grande dans les rangs de l'armée, mais les dispositions adoptées par la Chambre seront malheureusement insuffisantes pour le détruire.

Selon nous, c'est dans le principe même de la loi que se trouve le germe du mal; tant qu'on le laissera subsister, quels que soient les efforts que l'on fasse, l'armée en ressentira les fâcheuses conséquences. Nous espérons démontrer qu'en changeant le principe de la loi et son systême, non-seulement nous détruirons le mal qui a excité de si justes plaintes et de si vives alarmes, mais nous ferons naître un bien dont l'armée et la population éprouveront les plus heureux effets.

Le recrutement est considéré comme l'impôt le plus dur, c'est, a-t-on dit, l'impôt du sang !.... Riches et pauvres tous cherchent à s'y soustraire; les uns par des moyens licites, les autres par des manœuvres répréhensibles; en un mot, c'est à qui n'entrera pas dans les rangs de l'armée *comme simple soldat;* fait grave qu'il serait puéril de vouloir cacher, et qui peut être avoué sans dommage pour le caractère national, car c'est la législation seule que ce fait accuse. La résistance ne vient pas d'une répulsion absolue pour l'état militaire, elle vient du besoin qu'éprouvent les jeunes gens, encouragés par leurs familles, de se créer un avenir; ils aiment mieux se livrer aux travaux les plus rudes, aux métiers les plus pénibles, que d'être *condamnés à dépenser leur activité dans les stériles emplois de la vie militaire* (1). N'est-il pas évident qu'une législation qui fait dévier les sentimens de dévouement et de courage dont sont animées nos jeunes et ardentes générations, est éminemment vicieuse ?

Il est vrai de dire, cependant, que l'on voit parfois des jeunes gens pleins de valeur, atteints par le sort, se présenter à l'autorité militaire, fiers de devancer le moment de leur départ; mais il est certain aussi que le plus grand nombre des appelés, mus par des sentimens divers, n'obéissent qu'à regret, et même avec répugnance. Il en est qui refusent l'obéissance et se cachent, tandis que d'autres se mutilent pour se soustraire à l'impôt. Là, les sacrifices que s'imposent quelques familles pour faire remplacer leurs enfans, sont si onéreux, que souvent ils causent leur ruine; ailleurs, et dans beaucoup de cantons, on voit des chefs de famille, s'efforçant d'amai-

---

(1) **M.** Vivien, rapporteur du projet de loi sur le recrutement devant la Chambre des Députés, page 54 de son rapport.

grir leurs enfans, recourir à des empiriques pour altérer leur santé, leur affaiblir la vue, et leur assourdir l'ouïe; enfin, les faire pâtir de toutes les manières pour qu'au jour de la révision, ils soient déclarés inhabiles au service militaire.

Mais si, au lieu de considérer le service militaire comme l'impôt le plus pénible; si, au lieu de le présenter comme une charge qui doit peser seulement sur quelques-uns, on faisait en sorte que l'entrée dans les rangs de l'armée fût profitable aux bons soldats; si, au lieu de se contenter de poser dans la loi ce principe, que tous les jeunes Français doivent payer leur dette militaire à l'État, on l'exécutait dans sa lettre et dans son esprit, alors du fond de tous ces jeunes cœurs sortirait cet élan généreux et martial qui fait les bons soldats; alors l'uniforme deviendrait le but d'une louable ambition, et les regrets et les répugnances feraient place aux sentimens les plus honorables.

Il importe donc de faire une loi qui, modifiant le mode de recrutement, établisse une sage et équitable répartition de l'impôt. Il faut que cette loi frappe *directement* ou *indirectement* sur tous les jeunes Français de l'âge de vingt ans; il faut que toutes les familles contribuent à la défense commune du territoire et au maintien du bon ordre intérieur; il faut que l'économie de la loi, restreignant les exemptions et faisant peser les charges sur le plus grand nombre possible de contribuans, améliore le sort de ceux qui se voueront à la défense de la patrie. Cette participation commune fera disparaître tous les vices qui entachent le recrutement actuel; elle donnera à la France une armée capable de lui conserver au plus haut degré sa dignité nationale.

Du Tirage au sort et de ses conséquences.

§ 1er.

Du tirage au sort considéré comme loterie ou opération de jeu de hasard.

Les lois de 1818 et de 1832, comme toutes les lois sur la conscription, ont établi en principe que tous les jeunes Français devaient le service militaire à l'État, mais leur exécution a eu pour résultat d'en dispenser de prime-abord la majeure partie. Ces conséquences contradictoires avec le principe posé proviennent d'un vice capital que chacune de ces lois a emprunté à la loi précédente, qu'elle avait pour but de modifier ou de remplacer.

Après la chute de l'empire, les hommes de la restauration, comprenant la plaie profonde que la conscription avait faite au pays, s'écrièrent : *Plus de conscription !* Et chacun sait l'effet magique que ce mot produisit sur l'esprit de nos villageois. Cependant, il fallut donner à l'armée un mode de se recruter, et ce mode fut la reproduction du principe le plus désastreux des lois de l'empire : *le tirage au sort.*

L'armée se recruta donc, et elle se recrute encore aujourd'hui, non d'après le principe de droit public que *tout jeune Français doit son service à l'État,* mais d'après les chances que la roue de fortune fait sortir de l'urne départementale. Le sort des jeunes gens se décide selon que le hasard donne aux nouveaux conscrits un *bon* ou un *mauvais* numéro.

C'est pris sous ce dernier point de vue que le *tirage au sort* rend le recrutement lourd et difficile à ceux qu'il a frappés ; ce sont les conséquences de ce jeu de hasard qui jettent la crainte dans les familles, et portent le trouble dans l'organisation de l'armée.

Examinons ce qui se passe sous nos yeux le jour où le tirage s'ouvre. Là, dans une même enceinte, dès avant l'heure de l'ouverture de la séance, la population de la ville et celle de la campagne se pressent l'une contre l'autre sans distinction de rang, de fortune et même de considération publique. Un principe d'égalité oblige toutes les familles, riches ou pauvres, à se soumettre à ses prescriptions inflexibles. Mais cette égalité d'un moment est-elle bien une égalité réelle? Ces familles réunies sont-elles bien pénétrées également de ces grands sentimens patriotiques, qui font préférer aux intérêts privés les intérêts sacrés de la patrie? Le laboureur et le fermier, l'artisan et l'industriel, l'ouvrier et le maître ne peuvent oublier leurs conditions différentes; ils ne peuvent se considérer comme ayant des devoirs égaux à remplir; des sentimens bien divers les animent, lorsqu'ils viennent confier au hasard le soin de décider entre eux qui paiera l'impôt.

Étudiez les physionomies; vous verrez avec quelle inquiétude ce père de famille, venu des champs, attend le moment où la roue de fortune lui apprendra si l'enfant qui fait son espoir lui sera ravi; et tandis que, à la ville, le père joue *de par la loi* le sang de son fils, la mère, dans son intérieur, calcule avec la plus vive anxiété tous les sacrifices qu'il faudra faire pour le racheter à prix d'argent.—Voyez aussi avec quelle insouciance cet autre jeune homme, aux allures dégagées, se promène dans la salle jusqu'au moment où, répondant à l'appel, il vient mettre la main dans l'urne. A lui, peu lui importe que le numéro soit *bon* ou *mauvais;* heureux jeune homme, né de parens riches, sa famille ne s'est que faiblement occupée de la pensée s'il gagnera ou perdra la partie; aussi, partageant cette indifférence, il attend sans inquiétude, comme il espère sans émotion. L'appel nominal a lieu ; et le hasard prend les rènes de son empire. Tantôt on entend des cris de joie se produire dans la salle ; tantôt un morne silence suit l'annonce faite à haute voix par le préfet du numéro échu au jeune conscrit. Le sort a fixé l'impôt ; chacun connaît son *bonheur*, ou son *malheur*. L'égalité est détruite.

Mais portons maintenant notre attention sur ce qui se passe au seuil de cette enceinte. Voyez-vous ces hommes cupides épiant les victimes que le sort vient de leur livrer ; ils se précipitent sur les pas des jeunes gens dont la tristesse décèle la perte de la partie. Ce sont ces agens subalternes de remplacement qui, postés par de plus grands spéculateurs, veulent s'assurer d'avance le produit d'un traité, dont le but sera de substituer à un jeune et honnête soldat, un remplaçant souvent plus nuisible qu'utile à l'armée. — Déplorable concession que votre jeu de hasard vous force d'admettre ; et, quoique les riches seuls puissent en profiter, le nombre des remplaçans est devenu si considérable, et les dangers sont tels, que le Gouvernement a dû recourir au pouvoir législatif pour en arrêter les progrès.

Les modifications proposées sont importantes, sans doute, mais elles ne suffisent pas pour guérir la lèpre dont l'armée est dévorée.

Il est à craindre que si l'on se borne à rendre les remplacemens plus difficiles, on n'obtienne qu'une aggravation de charges pour les familles obligées d'y recourir. Il est à craindre aussi que la loi ne soit réduite à jouer au plus fin avec la fraude, qui sera toujours plus audacieuse, plus entreprenante et plus habile que la légalité. Le remplacement, reconnu si désastreux, sera toujours un aliment au trafic le plus honteux, une proie jetée à la fraude et à la corruption.

C'est une nécessité impérieuse pour l'époque actuelle que d'extirper jusqu'aux racines, un mal si préjudiciable à l'organisation militaire. Il faut sans hésitation et sans crainte, frapper de rudes coups là où sont les dangers.

Le tirage au sort est une véritable loterie, un jeu de hasard, qui, violant la législation générale du pays, traîne à sa suite le remplacement. — Nous ne rappellerons pas les puissantes considérations de haute moralité qui naguère firent fermer les jeux et les loteries; mais, nous ferons remarquer que, lorsque le gouvernement de juillet s'est privé d'une branche de revenus très-productive, en abolissant la loterie royale, et a expulsé au-delà des frontières les maisons publiques de jeu; lorsque le Code pénal réprime sévèrement toute entreprise de jeux de hasard, et interdit toutes opérations effectuées par la voix du sort; lorsque nos lois civiles et commerciales (1) flétrissent, et annulent comme illicites, toutes spéculations ou contrats basés sur de pareilles chances, il est fort peu rationnel de consacrer législativement l'action du jeu dans une opération aussi importante que le recrutement, il est fort peu moral d'obliger des pères de famille à jouer à *pair ou non*, l'avenir de leurs enfans, leur liberté et même leur vie.

La perception de l'impôt militaire devrait procéder d'une source plus pure, plus noble, plus digne de la nation française. La profession des armes, si honorable par elle-même, attirerait à elle un assez grand nombre de citoyens, si, à côté de l'honneur, elle présentait aux soldats et aux sous-officiers de justes et légitimes avantages.

La loi de recrutement, cette loi qui attaque de si vifs intérêts, doit être empreinte d'un triple caractère qui

---

(1) Articles 1964 et suiv. du Code civil; — 585 du Code de commerce: — 410 et 475 du Code pénal; — loi du 21 mai 1836.

l'harmonise avec la charte constitutionnelle, l'unisse par ses principaux liens à la législation générale, et lui attire les sympathies de la nation. C'est dire qu'il faut que l'impôt militaire, prélevé conformément aux articles 2 et 11 de la Charte, soit réellement supporté par tous dans de justes et équitables proportions; c'est dire qu'il faut que le recrutement soit dégagé de toutes ces chances de jeu et de hasard, réprouvées par nos lois; c'est dire, enfin, qu'il faut que la loi nouvelle en donnant satisfaction aux exigences de l'armée, rende le recrutement moins onéreux, et le service militaire profitable à la population.

C'est alors que le gouvernement de juillet aura réalisé cette promesse écrite dans les Chartes de 1814 et de 1830 : *La conscription est abolie.*

§ II.

De la progression du remplacement, et de ses effets désastreux.

Le tirage au sort a pour effet de soumettre à l'impôt militaire une partie des jeunes gens et de décharger l'autre de toute obligation. Le hasard qui fait seul cette répartition frappe souvent sur des hommes que les arts, les sciences, l'industrie et les intérêts publics réclament dans la vie civile. De là vient la nécessité du remplacement. — Tous les Français étant égaux devant la loi, chacun a la faculté de se dispenser du service militaire en fournissant un remplaçant. Pourvu *qu'un homme* soit inscrit sur la liste du contingent par le conseil de révision, l'État est obligé sous l'empire de la législation actuelle de se tenir pour satisfait. Il ne peut se préoccuper de la question de savoir si le principe sacré que tout citoyen doit le service militaire à la patrie est sainement entendu, et s'il est sagement appliqué par cette substitution de personnes ; et quoique l'on convienne que l'esprit de la loi militaire est faussé, la loi est écrite, il faut l'exécuter.

Nous ferons connaître les dangers auxquels l'armée est exposée par le remplacement, en indiquant les chiffres qui en constatent la progression annuelle ; les voici :

Remplaçans admis par les conseils de révision pour les classes ci-après indiquées (1).

Classe de 1834	14,562	
— 1835.	15,318	
— 1836.	16,263	
— 1837.	18,443	111,118
— 1838.	18,763	
— 1839	14,734	
— 1840.	13,035	

Remplaçans admis par les conseils d'admi-nistration des régimens.

Du 1er janv. 1834 au 1er oct. 1834. . .	1,880	
Du 1er oct. 1834 au 1er oct. 1835. . .	1,987	
Du 1er oct. 1835 au 1er oct. 1836. . .	1,547	
Du 1er oct. 1836 au 1er oct. 1837. . .	2,537	25,692
Du 1er oct. 1837 au 1er janv. 1839. . .	7,322	
Du 1er janv. 1839 au 1er janv. 1840. . .	4,959	
Du 1er janv. 1840 au 1er janv. 1841. . .	5,460	

	136.810
Au 1er janvier 1841, il y avait sous les drapeaux. .	100,958
Différence pour cause de déficit.	35,852

Ces 35,852 remplaçans en déficit sont les pertes que l'armée a éprouvées pendant la durée du service militaire

---

(1) Voir les comptes rendus au Roi sur le recrutement pour chacune des années de 1834 à 1841. Nous avons pris sept années parce que, dans l'état présent, sept contingens servent à former l'effectif de l'armée.

fait par les sept contingens des classes auxquelles ils appartiennent. Si on applique à la population des remplaçans les tables de mortalité et de pertes adoptées par la commission de la Chambre des Pairs, et imprimées à la suite du rapport de M. le général vicomte de Préval, on verra que cette *population* éprouve des pertes beaucoup plus considérables que le reste de l'armée.

Moyenne de l'admission annuelle des remplaçans.   19.544
Moyenne de la perte annuelle.   .   .   .   5,120 ⎫
Moyenne de ceux restés en activité.   .   14,424 ⎭ 19,544

On voit par ce rapprochement que la perte sur les remplaçans est en moyenne de plus de 25 pour cent par année.

Enfin, le compte rendu au Roi sur le recrutement de l'armée de terre, distribué aux Chambres dans la dernière session, constate qu'en janvier 1842, il y avait présens sous les drapeaux 101,366 remplaçans.

Dans l'état actuel des choses, il est peu de pères de famille qui, par des économies faites sur leur travail et sur celui de leurs enfans, ne se préparent pour l'avenir les moyens de garantir ceux-ci contre les chances du sort. Les caisses d'épargnes, les associations tontinières sont autant de moyens qui, dans peu de temps, multiplieront les remplacemens à l'infini. En effet, chaque semaine ou chaque mois, les caisses d'épargnes voient se grossir de petits capitaux destinés à cet objet. M. le Ministre du commerce dans son rapport au Roi sur les opérations des caisses d'épargnes, constate au milieu des progrès de ces caisses, l'accroissement du nombre de livrets de mineurs. Cet accroissement est d'autant plus important que l'immense généralité de ces livrets sont demandés dit M. le Ministre, pour des mineurs appartenant à la classe ouvrière. Ceux qui n'apportent pas des économies à la caisse d'épargnes prennent part aux associations tontinières, ou se mettent à l'abri du service militaire par tant d'autres moyens que l'époque actuelle a inventés ; de telle sorte qu'il serait facile de prédire qu'à une époque donnée, ce ne sera plus 100,000 remplaçans qu'il y aura dans les rangs de l'armée, mais que le nombre atteindra et excèdera même le chiffre de 200,000. Le nombre de remplaçans augmentant, le prix sera beaucoup plus élevé, les charges pour les familles seront plus lourdes, et la qualité des hommes admis à ce titre sera loin d'être meilleure. — La cupidité et la fraude opéreront sur une plus vaste échelle.

Ce n'est pas seulement la progression dans le nombre des remplaçans qui effraie, c'est encore le nombre de crimes et délits dont ils se rendent coupables; M. le Ministre de la guerre constatait dans son exposé de motifs, que pendant l'année 1839, sur 142 *jeunes soldats* il n'y a que 1 *condamné*, tandis qu'il y a 1 *condamné* sur 59 *remplaçans*. Cette observation, déjà si puissante, par ces deux termes de comparaison, acquerra une force plus grande encore par la rectification d'une inexactitude que M. le Ministre nous permettra de relever. Nous pensons que la proportion vraie est de 1 sur 239 pour les jeunes soldats, et de 1 sur 62 pour les remplaçans (1).

---

(1) La différence provient de ce que M. le Ministre a compris dans la somme des condamnations, celles qui sont prononcées pour insoumission.

Quel est ce délit ? — C'est le retard apporté par les *appelés* (ou conscrits) à rejoindre leur régiment. Or, ce délit *ne pouvant* être commis *qu'avant* l'incorporation, il est évident qu'il n'attaque en rien la moralité des troupes. D'ailleurs, on comprendra facilement que l'on trouve un plus grand nombre d'insoumis dans la classe des jeunes soldats, requis de servir pour leur compte, que dans celle des remplaçans, qui ne touchent leur salaire qu'en justifiant de leur présence sous les drapeaux. L'effectif des jeunes soldats était, en 1839, de 145,377 hommes, qui ont donné lieu, déduction faite de l'insoumission, à 608 condamnations; la proportion est de 1 sur 239. Les remplaçans, au nombre de 70,405, ont donné, déduction faite du

Persuadé qu'en semblable matière, les chiffres valent mieux que tous les raisonnemens, nous avons dressé deux tableaux de comparaison entre ces militaires. Le premier comprend les mises en jugement pour divers délits, autres que l'insoumission, ainsi que le nombre d'hommes qui, par leur mauvaise conduite, se sont fait expulser des régimens, et ont été incorporés dans les compagnies disciplinaires.

Mais rien n'est si concluant que le second tableau dans lequel nous mettons en regard le nombre de remplaçans, et le nombre de jeunes soldats condamnés soit pour crimes emportant des peines afflictives et infamantes, soit pour délits graves emportant les peines du boulet ou des travaux publics, qui sont considérées comme *correctionnelles;* cependant elles sont *afflictives,* car elles frappent directement sur la personne du condamné (1).

Nous faisons remonter nos recherches jusqu'en 1833, afin d'opérer sur sept contingens, comme nous l'avons fait pour l'admission des remplaçans. Voici ces tableaux :

---

même délit, 1,136 condamnations : la proportion est de 1 sur 62 (*Compte-Rendu de la justice militaire,* pages 36 et 37). — Pendant l'année 1838, la proportion était à peu près la même, 1 sur 241 contre 1 sur 64 ; —|de même pour les années précédentes.

(1) La loi veut que les *condamnés au boulet* soient employés à des travaux spéciaux dans les places de guerre ; qu'ils traînent un boulet de huit attaché à une chaîne de fer de deux mètres et demi de longueur ; il leur est défendu de couper et de raser leur barbe, et tous les huit jours, un barbier leur rase les cheveux et la moustache. — Les *condamnés aux travaux publics* ne portent, il est vrai, ni chaine ni fers ; et, s'ils ne peuvent ni raser ni couper leur barbe comme les condamnés au boulet, ils ont sur eux l'*avantage* d'être *obligés* de conserver leurs moustaches ; mais le barbier exécute ses fonctions, en leur rasant la tête à des époques très-rapprochées. — Ces hommes ainsi flétris, ces repris de justice, continuent le service militaire à l'expiration de leur peine.

ANNÉES.	EFFECTIF des Remplaçans.	EFFECTIF des Jeunes Soldats.	MISES EN JUGEMENT POUR DÉLITS DIVERS.		MISES EN JUGEMENT POUR DÉSERTIONS.		ENVOYÉS AUX COMP. DE DISCIPLINE.	
			Remplaçans.	Jeunes Soldats.	Remplaçans.	Jeunes Soldats.	Remplaçans.	Jeunes Soldats.
1833	70,384	184,835	1,333	757	404	437	681	162
1834	67,807	171,434	1,363	696	335	283	354	70
1835	62,621	151,365	1,246	643	337	303	438	102
1836	60,846	141,982	1,062	544	256	292	295	128
1837	62,547	148,207	1,193	648	243	246	250	109
1838	67,999	151,026	1,156	677	239	225	260	144
1839	70,405	145,379	1,269	658	235	221	309	116
1840 *								
* Le compte-rendu n'est pas encore publié.	462,609	1,094,484	8,622	4,623	2 049	2,007	2,587	831

ANNÉES.	REMPLAÇANS.					JEUNES SOLDATS.				
	Mort.	Trav. forcés, Fers.	Réclusion.	Boulet.	Trav. publics.	Mort.	Trav. forcés, Fers.	Réclusion.	Boulet.	Trav. publics.
1833	30	123	40	283	115	10	53	32	24	266
1834	32	120	48	210	125	8	45	25	12	187
1835	31	118	56	233	84	7	47	33	9	207
1836	19	77	46	161	91	10	31	29	9	163
1837	25	85	60	165	150	8	40	29	24	207
1838	27	92	45	175	102	12	34	27	25	180
1839	31	113	28	156	118	24	34	22	17	167
	195	728	323	1,383	782	79	284	197	120	1,377
	1,246			2,165		560			1,497	

Il est à remarquer que la proportion contre les remplaçans augmente à mesure que l'on s'élève dans l'échelle de la gravité des peines. Ainsi, pour les condamnations capitales et celles afflictives et infamantes, les jeunes soldats n'ont eu qu'*un* condamné sur 1,954, tandis que les remplaçans en ont eu 1 sur 371. — Dans les peines correctionnelles, la proportion est moins forte, mais elle redouble lorsqu'il s'agit de l'expulsion des corps pour *inconduite habituelle :* les jeunes soldats ont fourni aux compagnies de discipline 1 sur 1,320, et les remplaçans en ont donné 1 sur 179.

En ce qui touche l'état sanitaire des remplaçans, n'ayant pu nous procurer des documens statistiques assez précis, nous nous bornerons à rapporter ce que nous lisons dans un ouvrage intitulé : *De l'opération médicale en matière de recrutement,* publié par un chirurgien-major de l'armée. « ..... Ce que je sais très-bien, pour « l'avoir examiné durant l'espace de cinq années, dit le « docteur, c'est que les remplaçans peuplent les infirme- « ries des régimens pour les *maladies légères* qu'on y « traite en vertu du réglement; et que dans les hôpi- « taux, ils constituent le fond de la clinique des salles « des vénériens (Coche, page 22). »

Après avoir lu ces lignes, on ne sera plus étonné que cette population de remplaçans fasse éprouver à l'effectif de l'armée une perte si considérable.

Si nous ajoutions à ces tristes documens, que lorsque les remplaçans arrivent dans les rangs de l'armée avec une partie du prix de leurs contrats, ils entraînent dans le desordre de jeunes soldats, qu'ils rendent complices de leur indiscipline et souvent de leurs délits, on reconnaîtrait qu'ils sont la cause d'une grave perturbation, et que sans leur contact il y aurait moins de jeunes soldats traduits devant les Conseils de guerre.

L'extension du remplacement a dominé toutes les lois du recrutement qui ont eu pour principe *le tirage au sort*. En rappelant très-brièvement les phases de ses progrès et de ses dangers, nous montrerons le but périlleux vers lequel nous marchons de plus en plus rapidement, et l'on verra combien il est urgent d'adopter un système qui exclue ce mode de recrutement.

En l'an VIII, alors qu'il n'était permis qu'à un très-petit nombre de personnes reconnues utiles à l'État de se faire remplacer, on craignait déjà que cette faculté exceptionnelle ne dénaturât l'excellent esprit des troupes.

En 1805, l'empereur, obligé par les circonstances impérieuses de l'époque, d'étendre la faculté du remplacement au-delà des termes de la loi de l'an VIII, régla par un décret les conditions imposées aux remplaçans. Il voulut que nul remplacement ne fût accordé, si l'on ne présentait un *suppléant* d'une santé forte, d'une constitution robuste et d'une taille au moins égale à celle du remplacé. Il fallait en outre que ce remplaçant fût pris parmi les hommes domiciliés dans le même département.

Cette concession faite, on ne tarda pas à céder à de nouvelles exigences; et bientôt un nouveau décret autorisa tous les conscrits à prendre indistinctement leurs remplaçans dans tous les départemens de l'empire.

La loi de 1818 alla plus loin : elle accorda aux jeunes gens définitivement appelés la faculté de se faire remplacer par tout homme valablement libéré, pourvu qu'il eût les qualités requises pour être reçu dans l'armée, et qu'il n'eût pas plus de trente ans, ou trente-cinq ans s'il avait été militaire. Ce furent là les seules conditions imposées par la loi ; mais on ressentit bientôt les fâcheux effets de cette faculté illimitée.

La loi de 1832, en concédant aussi le droit de se faire remplacer, voulut cependant le restreindre. Elle imposa aux remplaçans une série de conditions qui n'avaient pas été prévues par la loi précédente.

Aujourd'hui, en 1843, les dangers et les abus du remplacement sont devenus tels, qu'on est forcé de reconnaître que les restrictions de la loi de 1832 sont impuissantes. On impose de nouvelles conditions dans l'espoir de donner aux remplacemens une direction plus favorable aux intérêts de l'armée.

« Bien que la loi de 1832, dit M. le Ministre de la guerre dans son exposé de motifs, soumette le remplacement à des conditions plus explicites que celles de 1818, il n'en est pas moins vrai que ces conditions sont restées à leur tour impuissantes, malgré les prescriptions successives et multipliées dont elles ont été l'objet de la part de l'administration. Il ne pouvait en être autrement ; l'intérêt personnel et la fraude sont plus fertiles en expédiens, et triomphent plus facilement des difficultés qu'on leur oppose, lorsque les dispositions de la loi ne sont pas l'expression d'un principe conservateur hautement avoué.

« En 1806, sur un effectif de plus de 500,000 hommes il n'y avait pas un huitième de remplaçans.

« En 1826, cette proportion était d'un cinquième.

« En 1835, presque d'un quart.

« En 1842, sur un effectif de 337,000 hommes, il y avait plus du quart de soldats remplaçans. »

Après avoir établi cette progression si rapide, M. le Ministre de la guerre se montre justement effrayé pour la moralité de l'armée, car les remplaçans, encore aujourd'hui en minorité, formeront bientôt dans les corps la majorité de leur effectif. Cette déplorable exception annihilant la règle, il n'y aura plus possibilité de maintenir la discipline.

Ces craintes ont été souvent exprimées à la tribune, surtout depuis 1833. M. le Ministre de la guerre, vivement pénétré des intérêts de l'armée, a rappelé, dans son exposé des motifs, les opinions émises sur les abus du remplacement ; elles sont ainsi groupées par l'illustre maréchal. « *On a dit, avec raison, que la surabondance du remplacement était un mal réel pour l'état militaire, un malheur pour l'armée française, une plaie d'une profondeur immense.* »

En présence de tels résultats déjà constans, et envisageant ceux qui se manifesteront inévitablement dans un prochain avenir, nous blâmera-t-on si avec une témérité peut-être trop grande, mais du moins avec un sentiment vif et profond des intérêts de l'armée et de la dignité nationale, nous avons osé produire un nouveau système de recrutement ; nous blâmera-t-on si nous osons redire avec les orateurs de 1837 : « *Le mal s'aggrave de jour en jour, il est très-urgent d'y remédier, car il est une accusation contre les lois qui le laissent exister.* »

Deuxième Partie

NOUVEAU MODE DE RECRUTEMENT.

De l'égalité des charges.

Au mode actuel de recrutement, mode suffisamment apprécié et jugé, il convient d'en substituer un autre qui, donnant à l'armée de bons soldats, en interdise l'entrée à l'élément de désordre qui fausse son organisation.

Basons ce nouveau système sur une égale répartition de l'impôt, et disons avec la Charte constitutionnelle, que la conscription étant abolie, il faut que chaque Français contribue en réalité de sa *personne* ou de sa *fortune* au recrutement de l'armée. Faisons comme le Gouvernement a déjà fait pour les maisons de jeu, pour la loterie royale et les loteries privées ; rappelons-nous toutes les prescriptions de nos lois civiles, commerciales et criminelles contre les opérations de pur hasard ; purifions la loi fondamentale de l'armée de ces chances flétries par toutes les législations ; n'obligeons pas le riche à jouer contre le pauvre.

Le caractère dominant du nouveau mode proposé diffère de celui qui a été suivi jusqu'à présent sur le point le plus essentiel. A la place de ce jeu de la fortune qui, répétons-le, dispensant l'un et obligeant l'autre, a fait du remplacement une déplorable et désastreuse nécessité, nous avons fait surgir ce principe de droit public : *l'égalité de l'impôt.* Comme par le passé, il y aura un tirage, mais il n'aura d'autre but que de régler l'ordre dans lequel les jeunes gens seront appelés devant le conseil de révision pour former le contingent et inscrits sur les registres matricules. Tous les jeunes Français devant à leur patrie l'obligation de la servir, ce tirage ne donnera droit à aucune exemption du service militaire. Ainsi, chacun devra contribuer au recrutement, sinon par *le service personnel,* du moins par un *service pécuniaire* proportionné à sa fortune ou à celle de sa famille. La somme, une fois payée, profitera à ceux qui auront sacrifié leurs plus belles années au service de l'État ; ce sera une juste compensation des charges entre les jeunes gens de la même classe. Cette disposition nouvelle aura le double résultat de détruire les mauvaises conséquences de l'ancien systême, et de produire des avantages généraux que nous exposerons plus loin.

Le tirage au sort a toujours été redouté par les classes les plus laborieuses de la société ; par ces pères de familles qui vivent honorablement avec les modestes produits de leur travail. S'ils ne sont pas assez riches pour voir avec indifférence approcher le moment du tirage, du moins ils sont assez économes pour se prémunir contre les suites d'une chance défavorable ; si pour eux un mauvais numéro sort de l'urne, la partie qu'ils perdent leur enlève cette économie si laborieusement acquise, c'est-à-dire, le fruit de leurs pénibles travaux et de leurs incessantes privations. N'est-il pas vrai que ceux-là

paient l'impôt dans une proportion bien exorbitante ?
— L'homme vivant de sa fortune supporte facilement
cet impôt ; il confie à des industriels, à des agens, le
soin de jeter dans les rangs de l'armée le premier
individu qu'ils racolent. — L'homme pauvre, lui seul,
malgré toutes les douleurs de la famille, voit son fils
s'éloigner du foyer domestique sans l'espoir d'aucun
avantage.

Tandis que les uns, maltraités par le sort, paient de
leur personne, ou se font remplacer, les autres, favo-
risés par le jeu, restent chez eux à l'abri de toute atteinte,
exempts de toute participation au recrutement. Et
lorsque le militaire a payé sa dette à la patrie, qu'ob-
tient-il pour récompense ? Un certificat de bonne conduite qu'il rapporte à son vieux père. Il a servi pendant huit ans avec honneur, c'est vrai, mais il n'a rien.
Ses contemporains, au contraire, ont pu se créer un
état, exercer une profession, ou se livrer à quelque industrie. — Une loi qui conduit à de tels résultats, viole
ouvertement le principe de l'égalité des charges.

C'est dans l'intérêt de l'armée, comme dans l'intérêt des
familles, que nous désirons la suppression complète des
exemptions par la voie du sort, et que nous demandons
que tous les jeunes Français âgés de vingt ans parti-
cipent au recrutement, soit par le *service personnel*, soit
par le *service pécuniaire*.

Ces principes fondamentaux se trouvent formulés
dans les premières dispositions de notre projet. L'article 1ᵉʳ reproduit le principe de droit public consacré
par les lois précédentes et par la Charte constitutionnelle. L'obligation qu'il impose à tous les citoyens français
est d'une éternelle justice ; elle est la base immuable de
notre système.

Du Service pécuniaire.

Le service pécuniaire que nous introduisons dans la loi a pour but de faciliter à toutes les familles les moyens de conserver près d'elles ceux de leurs enfans qui se destinent à toute autre carrière que celle des armes ; il a pour but aussi de favoriser, autant que possible, la bonne composition de l'armée, et d'assurer aux jeunes citoyens qui se rangeront sous les drapeaux de la patrie une bonne et légitime récompense de leurs services.

Tous les jeunes gens compris sur la liste du tirage, seront tenus de se présenter, comme en l'état actuel des choses, devant le conseil de révision pour y être examinés. Ceux qui seront reconnus aptes au service militaire auront la faculté d'opter pour celui des deux services qu'ils aimeront le mieux fournir au contingent de leur canton. Cette faculté d'option donnera à l'armée des hommes, joignant à l'aptitude militaire, l'expression d'une volonté bien caractérisée.

Les jeunes gens qui, n'ayant pas l'aptitude militaire, ne peuvent opter pour le service personnel, seront soumis, de droit, au service pécuniaire ; mais s'ils ont des infirmités qui les mettent dans l'impossibilité de se livrer à des travaux utiles, ils seront exemptés de l'un et de l'autre service. Le conseil de révision pourra exempter aussi ceux qui, atteints d'infirmités moins graves, n'auraient été portés, par les répartiteurs, sur le tableau de recensement que pour le minimum du service pécuniaire. Mais il y aurait injustice à dispenser de toute participation au recrutement ceux qui possèdent des propriétés, exercent une industrie lucrative et vivent dans l'aisance, par le seul motif qu'ils seraient un peu courts de taille ou affligés d'une disgracieuse difformité. Leurs familles sont intéressées au maintien du bon ordre intérieur et à la défense commune du territoire, autant que peuvent l'être les familles des jeunes gens bien constitués. — L'article 15 du projet établit plusieurs cas d'exemption sans contribution pécuniaire ; à cet égard, nous ferons remarquer que cette exemption sera accordée seulement aux familles dont la position de fortune ne leur permettrait pas de fournir une *part contributoire* d'au moins 200 fr.

Le service pécuniaire ne pourra être moindre de 100 francs ni excéder 800 francs ; il sera réglé par fractions de *cinqaante francs*, et selon les bases établies par une ordonnance royale. Un comité de répartiteurs, composé de citoyens les plus recommandables, pris dans la localité même, fera les classemens de cette contribution, d'après la position de fortune de chaque famille. — Nous entendons désigner ainsi, soit la fortune personnelle de l'appelé, soit celle de son père et de sa mère, ou à leur défaut, celle de leurs ascendans en ligne directe. Dans l'appréciation de la somme à fixer, le comité de répartiteurs prendra pour guide de ses opérations le réglement d'administration publique. Les principales bases seront : 1° les rôles des contributions directes de toute nature, c'est-à-dire celles que les lois électorales reconnaissent pour l'admission sur la liste des électeurs ; 2° les traitemens, pensions ou revenus que les personnes reçoivent, à quelque titre que ce soit, d'une administration publique ou d'une administration particulière ; 3° la combinaison sur la même personne de l'importance de ces traitemens, pensions ou revenus avec la quotité des contributions ; 4° lorsque les personnes exerçant une profession libérale — à désigner dans le réglement, — paieront une contribution directe, moindre de 75 francs, elles seront tenues de verser leur *part contributoire* d'après la moyenne produite par le canton dans lequel sera le siége de leur profession; si elles paient plus de 75 francs, elles subiront la condition de leurs impositions.

Il est plusieurs autres points qu'il importe peu de régler et même d'indiquer dès à présent; car cette application de la loi devra être le sujet d'un travail spécial auquel se livreront les administrateurs chargés de préparer le réglement d'administration publique.

On trouvera, sans nul doute, des pères de famille qui sembleront devoir être insaisissables à cause de leur fortune inconnue ; nous voulons parler de ces personnes qui ne payant point d'impôts, et n'appartenant à aucune administration, vivent avec le revenu de quelques rentes particulières, ou sur l'État, ou en faisant valoir leurs capitaux par des valeurs négociables. Mais, il ne faut point oublier que le comité de répartiteurs sera composé de citoyens qui connaîtront, à peu de choses près, la valeur de toutes les fortunes de leur arrondissement ; et qu'ainsi ils pourront apprécier facilement et fixer en équité la part contributoire de ceux qui seront dans cette position exceptionnelle. Il ne faut pas oublier non plus qu'il ne s'agit pas d'imposer au père de famille une contribution annuelle, mais qu'il s'agit, pour lui, d'user d'une *faculté concédée*, celle de dispenser son fils de remplir *personnellement* sa dette envers la patrie. Si, voulant jouir de cette faveur, il croit devoir réclamer contre la fixation de la somme, faite par des magistrats intègres et désintéressés, la loi lui trace les moyens de faire rectifier leur décision. S'il succombe, il est libre encore de dispenser, ou non, son fils du *service personnel;* mais, la loi doit recevoir sa pleine et entière exécution par l'un ou par l'autre service.

Les sommes provenant de toutes les parts contributoires, réunies dans chaque canton, formeront une somme départementale qui sera inscrite au nom de la classe appelée, et utilisée au profit des jeunes soldats compris définitivement sur la liste du contingent. La meilleure manière de placer ces fonds paraît être l'achat d'inscriptions de rentes sur l'État. Les arrérages étant régulièrement payés tous les six mois par le Trésor, il sera facile de les capitaliser; par ce moyen, on augmentera la somme destinée à être répartie entre tous les ayant-droit, aussitôt après la libération de la classe. A cette époque, le Gouvernement fera procéder à la réalisation du capital. Une première répartition aura lieu entre tous les départemens, dans la proportion du nombre d'hommes que chacun aura fourni au contingent général. Une sous-répartition aura lieu, par les soins de l'autorité administrative, entre tous les militaires de ce contingent départemental. Les mandats de paiement seront remis aux titulaires au siége de la mairie de la commune où ils avaient leur domicile légal au moment de la formation des contingens.

Dans l'intérêt des jeunes soldats, et afin de maintenir une bonne discipline, il importe de déjouer toutes les tentatives que d'habiles spéculateurs pourraient faire auprès des militaires, pour obtenir à vil prix la cession de tout ou partie de leurs droits éventuels; à cet effet, la loi déclarera que ces droits seront incessibles, et que les sommes en provenant seront insaisissables, tant qu'elles seront entre les mains de l'autorité. Par ce moyen, on assurera aux jeunes soldats la récompense promise à leurs services et à leur bonne conduite.

En proposant que le paiement soit fait dans la commune du domicile originaire, nous avons voulu que la famille conservât l'espoir de voir reparaître au foyer domestique celui qui s'en était éloigné pour servir son pays, et qu'elle eût la satisfaction de le voir revenir avec un pécule loyalement et noblement acquis sous les drapeaux.

Ce mode de paiement nous a paru devoir satisfaire aussi à des besoins d'ordre public, en empêchant les militaires congédiés de rester oisifs dans les grandes villes.

Tout naturellement une exception a dû être faite en faveur de ceux qui, à la libération d'une classe, entreront conformément à la loi dans le contingent d'une classe nouvelle. Le mandat leur sera remis au régiment, à la charge par eux de se conformer aux mesures administratives qui pourront être prescrites par l'autorité militaire.

La répartition entre les hommes appartenant à la même classe doit être le sujet d'une distinction relative à la position que le militaire aura eue dans l'armée. L'armée se compose de deux parties : la première, c'est l'effectif entretenu sous les drapeaux, et la seconde comprend les hommes restés en réserve dans leurs foyers. Il est évident que les individus composant la réserve, quoique mis et tenus à la disposition du Gouvernement, rendent à l'État moins de services que les militaires en activité; dès lors ils ne peuvent avoir les mêmes prétentions sur les récompenses. Il nous a paru qu'il ne devait être accordé aux jeunes soldats laissés dans leurs foyers que la moitié de la part qu'ils auraient eue s'ils avaient été mis en activité de service. Comme aussi il est juste de ne point appliquer cette disposition aux hommes qui, après avoir fait le service militaire actif pendant un certain nombre d'années, seraient placés dans le cadre de réserve par suite de réductions de l'effectif entretenu sous les drapeaux, ou pour des causes de maladies contractées au service.

La loi nouvelle doit récompenser les services honorables; mais elle doit aussi priver de toute faveur les hommes qui, par des actes criminels ou par leur indiscipline, auront attiré sur eux les sévérités de la justice ou nécessité de grandes mesures disciplinaires. Elle prive de la totalité de leurs droits, les hommes condamnés à des peines afflictives et infamantes, et les déserteurs, bien qu'ils soient rentrés sous les drapeaux après avoir subi leur peine. Cette disposition est également applicable à tout militaire qui sera, à cause d'une longue absence, signalé comme déserteur à l'époque de la libération de la classe dont il fait partie. La répartition devant avoir lieu immédiatement à l'expiration des huit années de service militaire, il y aura forclusion contre eux, bien qu'ils ne soient qu'en état de prévention de désertion : des droits ne peuvent rester ouverts au profit des hommes illégalement absens.

Les individus qui seront condamnés pour les délits d'*omission* ou d'*insoumission*, ceux qui pour d'autres délits communs ou délits militaires auront encouru deux condamnations à plus d'un mois de prison, et ceux enfin qui, par mesure administrative, auront été expulsés des régimens et auront été envoyés dans les bataillons ou compagnies de discipline, doivent, en raison de ces fautes, être privés d'une partie de leurs avantages. Il ne leur sera attribué qu'une moitié de la part qu'ils auraient eue, soit qu'ils fussent dans la réserve, soit qu'ils fussent sous les drapeaux. C'est à leurs camarades que profiteront toutes les retenues opérées en vertu des dispositions précédentes : les bons soldats ne doivent pas être victimes du déréglemement des mauvais.

Si nous ne nous trompons, ces menaces perpétuelles contre les militaires enclins à s'éloigner de leurs devoirs empêcheront bien des fautes et même des délits. Heureux résultats, que nous pouvons entrevoir sans trop de prétention, et dont l'armée aura un jour à se féliciter.

Le travail, que nous avons préparé sur la fixation des *parts contributoires*, — et que nous nous abstenons de publier, non-seulement à cause de ses imperfections probables, mais encore parce que ce n'est point à nous qu'il appartient de faire une répartition de cette importance, — nous permet, cependant, de prévoir que la masse générale produira plus de 60,000,000.

Tous les ans 310,000 familles, en moyenne, contribuent au recrutement de l'armée (1); leur dénombrement donne le résultat suivant :

Celles qui verseront 800 fr., sont. . . .   10,000
Celles qui verseront de 600 à 750 fr. . .   12,900
Celles qui verseront de 250 à 550 fr. . . 105,500
Celles qui verseront de 100 à 200 fr. . . 181,600

Total égal. . .   310,000

Les   10,000 familles à 800 fr. produiront.   8,000,000
Les   12,900 de 600 à 750 fr.   —   8,415,000
Les 105,500 de 250 à 550 fr.   —   37,000,000
Les 181,600 de 100 à 200 fr.   —   25,160,000

78,575,000

Mais il faut déduire de cette somme le contingent appelé, ainsi que les familles dispensées des deux services, formant ensemble 125,000. — Il est probable que tout le contingent de 80,000 sera fourni par les familles qui sont susceptibles d'être classées jusqu'à une part contributoire de 200 fr. ; celles taxées au-dessus, sont dans des conditions de fortune telles, qu'il y a lieu de croire que les pères de famille aimeront mieux contribuer au

---

(1) M. le général de Préval, dans son rapport à la Chambre des Pairs, fixe ce nombre de 315 à 320,000 (page 6); selon ce calcul, la moyenne serait de 317,500, au lieu de 310,000 que nous avons adopté.

recrutement de l'armée par le service pécuniaire, que par le service personnel de leurs enfans. C'est aussi dans cette dernière catégorie que se trouveront les familles qui, aux termes de la loi, doivent être dispensées du service militaire, même sans participation pécuniaire. Ces exemptions, nous pouvons les évaluer par approximation à 45,000 divisées ainsi qu'il suit :

DÉDUCTIONS.

1° *Pour les 80,000 hommes composant le contingent :*

40,000 familles à 100 fr.	4,000,000 fr.	
24,000 — à 150	3,600,000	} 10,800,000 fr.
16,000 — à 200	3,200,000	

80,000

2° *Pour 10,000 dispenses légales; divers cas.*

5,000 familles à 100 fr.	500,000 fr.	
3,000 — à 150	450,000	} 1,350,000 fr.
2,000 — à 200	400,000	

3° *Pour 35,000 exemptions accordées aux familles, à cause des infirmités graves de leurs enfans,* à. . . . . . . 100 fr. 3,500,000 fr.

Total des déductions. . . 15,650,000 fr.

Les 310,000 inscrits donneraient. . . . . 78,575,000 fr.

Déductions. 15,650,000

Masse générale. . . 62,925,000 fr.

Admettons qu'en élevant le chiffre des dispenses légales et des exemptions pour infirmités, déjà fort élevé, la somme se réduisit à 60,000,000, on obtiendrait, pour la répartition le résultat suivant :

Capital des versemens. . . . . . . 60,000,000 fr.

60,000,000, convertis en inscriptions de rentes sur l'État, avec les intérêts capitalisés par semestre pendant huit ans, calculés sur un intérêt de 4 pour cent, produiront, déduction faite des frais, la somme approximative de. . . . . . 20,000,000 fr.

Total de la somme à répartir. . . . 80,000,000 fr.

Répartition.

Total du contingent. . . 80,000 h.

A déduire comme n'ayant pas droit à la répartition, ou privés de la répartition par suite de condamnations. . . 10,000 h.

Reste. . . . 70,000 co-partageans.

70,000 partageans ayant part entière auraient 1,142 fr. 85 c.; mais, les 15,000 hommes restés en réserve ne devant avoir droit qu'à une moitié de la part due aux hommes en activité,

Il en résulte que :

55,000 ayant part double de la réserve auront 1,280 fr.
15,000 ayant moitié de l'activité auront. . . . 640 fr.

$$1,280 \text{ fr.} \times 55,000 = 70,400,000$$
$$640 \text{ fr.} \times 15,000 = 9,600,000$$
$$80,000,000$$

Quoi qu'il en soit de l'exactitude, ou de l'inexactitude de cette partie de notre travail, que nous ne donnons que comme un aperçu indiquant la marche à suivre et le résultat probable, il est néanmoins certain que la masse générale de toutes les parts contributoires produira une somme assez importante, pour indemniser convenablement les jeunes citoyens qui feront le service militaire.

Des opérations du Comité de Répartiteurs pour le service pécuniaire.

Dans le courant du mois de décembre de chaque année, les maires dresseront un tableau nominal dans l'ordre alphabétique de toutes les familles dont les fils devront concourir aux opérations du recrutement. Ce tableau, arrêté le premier janvier, sera transmis dans les dix jours suivans au sous-préfet de l'arrondissement, qui convoquera le comité de répartiteurs.

Ce comité, dont la création est si importante, doit offrir toutes garanties. Il sera composé du président du tribunal de l'arrondissement, du juge-de-paix du canton, du contrôleur des contributions directes et de deux membres du conseil d'arrondissement; si un supplément de garanties semblait devoir résulter d'un plus grand nombre de membres, cette rectification aux idées premières du projet serait facile à faire. Quoi qu'il en soit, le comité s'occupera, canton par canton, de la fixation de la somme proportionnelle que chaque père de famille devra verser, pour le cas où il aimerait mieux dispenser son fils du *service personnel* et concourir au recrutement par le *service pécuniaire*.

Le comité procédera en présence des maires qui seront consultés lorsqu'il s'agira de leur commune. La somme fixée sera inscrite dans une colonne du tableau de recensement, en regard du nom de l'appelé. Les répartiteurs ne perdront point de vue que dans le travail qui leur est confié, ils doivent faire autant que possible une juste appréciation de la position des familles, sans négliger les intérêts des jeunes gens qui se voueront à la carrière militaire. Leur mission est celle d'amiables compositeurs dont la protection bienveillante doit s'étendre sur tous les jeunes gens *partans* ou *non partans* de leur arrondissement. Les tableaux, après avoir été revus et approuvés par le préfet, en conseil de préfecture, seront renvoyés aux maires dans le plus bref délai, et par les soins des maires, ils seront communiqués aux pères de famille.

La fixation de ces sommes ne pouvant et ne devant être faite que par une approximation équitable, il sera libre au père de famille de réclamer contre cette fixation. Sa demande devra être formée dans la quinzaine qui suivra la publication du tableau de recensement ; et, après avoir été préalablement approuvée par le conseil municipal de la commune, elle sera soumise au conseil de préfecture, qui jugera si elle est suffisamment justifiée.

La nécessité de l'approbation préalable du conseil municipal aura pour effet d'écarter dès l'abord les demandes qui seraient manifestement déraisonnables et injustifiables. Plus éloigné des influences de localité qui auraient pu faire accueillir un certain nombre de réclamations mal fondées, le conseil de préfecture est un juge évidemment impartial autant qu'éclairé, et ses décisions devront être acceptées par tous. Du reste, les pères de famille ne pourront oublier que le principe de la loi est — que leurs enfans doivent le service militaire à la patrie, et — que la faculté de s'en dispenser par le *service pécuniaire* est une exception toute en faveur de la population. Mais s'il arrivait qu'un père de famille refusât de verser la somme fixée par le comité de répartiteurs, après avoir été maintenue par le conseil de préfecture nonobstant sa réclamation, on le considérerait comme renonçant au bénéfice de l'option, et dès lors le fils serait tenu de satisfaire à la loi du recrutement par le *service personnel*.

Toutes les *parts contributoires* devront être versées quinze jours, au plus tard, avant la clôture de la liste du contingent départemental. Néanmoins, il pourra être accordé quelques mois de délai aux familles qui se trouveront dans la nécessité de réclamer cette faveur. Ces demandes ne seront admises que lorsqu'elles seront appuyées, comme les demandes en rectification, d'un avis favorable du conseil municipal.

Après la clôture de la liste départementale, il ne sera plus admis de réclamations; toutes les opérations du recrutement étant définitives, les préfets délivreront des exécutoires pour la perception des sommes en retard. Il sera procédé sur ce point dans la même forme et de la même manière que pour la perception des contributions ordinaires. Les poursuites s'arrêteront à la *sommation* pour ceux qui ayant préféré le service pécuniaire n'exécuteraient pas leur engagement; mais un mois après avoir été mis en demeure de verser leur part contributoire, ils seront déchus de plein droit de leur option. Comme sanction pénale de cette inexécution, il serait bien non-seulement d'inscrire ces jeunes gens, aptes au service, en tête de la liste du contingent de l'année suivante, mais encore de les priver de la moitié des droits à la répartition générale.

Du Conseil de révision et de ses attributions.

La composition des conseils de révision et leurs attributions ne subiront aucun changement.

Tous les jeunes gens portés sur les tableaux de recensement seront appelés devant le conseil de révision, selon l'ordre de numéros qui aura été établi par le tirage ; ils seront examinés à l'effet de constater leur degré d'aptitude au service militaire.

Aussitôt que l'appelé aura été visité par des médecins, et déclaré propre au service, le préfet lui demandera s'il entend participer au recrutement en servant personnellement dans les rangs de l'armée, ou si lui et sa famille aiment mieux se soumettre au versement de la somme fixée par le comité des répartiteurs. La déclaration d'option sera consignée au procès-verbal de la séance.

Le Conseil procédera ainsi jusqu'à l'entier épuisement de la liste de chaque contingent cantonal. La question d'option ne sera point adressée à ceux qui n'auraient pas l'aptitude militaire ; car ceux-là doivent, aux termes de la loi, fournir le *service pécuniaire*, sauf les modifications et exemptions qu'elle aura prévues.

Lorsque les jeunes gens ne se présenteront pas, le Conseil, sur les renseignemens qui lui seront fournis par les maires ou autres personnes ayant un caractère officiel, pourra les comprendre d'office dans le contingent, ou les soumettre au paiement de la somme fixée par le tableau de recensement.

Ces opérations étant terminées, il peut arriver que les volontés exprimées dans un canton excèdent le nombre d'hommes à fournir, tandis que dans un autre le nombre de ces volontés soit moindre. Le Conseil de révision établira des compensations entre ces cantons du même arrondissement ; il prendra dans le contingent excédé le nombre d'hommes nécessaire pour compléter le contingent du canton en déficit, et on prélévera sur ce canton autant de *parts contributoires* qu'il aura fallu d'hommes pour atteindre son complet ; elles seront attribuées au canton qui aura fourni les hommes. Ces derniers feront dès ce moment partie intégrante du canton sur les listes duquel ils seront inscrits par voie de mutation. Les mêmes compensations pourront se faire entre les arrondissemens ; de telle sorte que le contingent départemental se trouve rempli par les hommes du même département.

Dans le cas où quelques cantons ne pourraient, par ce moyen, compléter leur contingent, le Conseil y pourvoira en y faisant entrer les jeunes gens les premiers inscrits sur la liste du tirage, et dont l'aptitude au service militaire aura été régulièrement constatée, à moins qu'ils ne se trouvent dans l'un des cas d'exemption ou de dispense légales.

Cet appel, nécessité par les circonstances, étant indépendant de la volonté des jeunes gens qui avaient demandé à rester dans leurs familles, il est juste qu'ils soient les derniers inscrits sur la liste du contingent départemental, afin d'être maintenus dans leurs foyers comme faisant partie de la réserve. Néanmoins, jusqu'au jour de la clôture de la liste du contingent, le Conseil de révision pourra les autoriser à changer de numéro, pourvu que ceux qui se présenteront à leur place aient été reconnus propres au service militaire. Des sursis de départ pourront aussi être accordés à ces derniers, lorsqu'ils seront les soutiens de leurs familles.

Dans le cas d'un excédant départemental, le Conseil de révision fera porter la réduction sur les cantons qui l'occasionneront ; il conservera sur la liste du contingent cantonal les hommes qui, par leur constitution physique, ou leur profession, pourront être les plus utiles à l'armée. Ceux qui seront écartés du *service personnel* seront tenus de fournir *le service pécuniaire*, à moins qu'ils ne justifient que leur famille est dans le cas d'en être dispensée conformément à la loi.

Afin de concilier et favoriser autant que possible les

intérêts de la population et la bonne composition de l'armée, nous avons pensé qu'après la clôture de la liste départementale, et pendant le courant de la première année, on devrait accorder des permutations entre les jeunes gens de la même classe qui, par l'effet des circonstances, se trouveraient dans des positions contraires à la volonté par eux exprimée devant le conseil de révision. Ainsi, il est possible que dans un département, le Conseil ait été obligé de compléter le contingent départemental, en appelant les jeunes gens premiers inscrits, tandis que, dans un département voisin, le Conseil, par suite d'un trop grand nombre de déclarations, aura été obligé d'écarter son excédant. De là, cette position contradictoire, que des jeunes gens, malgré leur vœu, ne puissent pas entrer dans les rangs de l'armée, et que d'autres soient obligés d'y entrer, malgré leur désir de rester dans leurs familles.

Lorsque ces cas se présenteront, on permettra à ces jeunes gens, tous du même âge et également aptes à faire le service militaire, de permuter leurs positions, bien qu'ils n'appartiennent pas au même département. Par ce moyen, l'armée recevra des hommes animés de la ferme volonté de servir; l'ambition dans laquelle ils auront persisté promet pour l'avenir des soldats bien disposés à remplir leurs devoirs. De son côté, la population est intéressée à donner à l'armée des individus qui, ayant la vocation de la carrière militaire, auraient eu peut-être de la peine à se faire un état dans la vie civile, tandis que ceux qui lui sont rendus peuvent être utiles à la société.

Néanmoins, ces permutations ne doivent s'accorder qu'avec la plus grande réserve, surtout lorsqu'il s'agit de jeunes gens appartenant à des départemens différens. Pour qu'il soit donné suite à leurs demandes, il sera nécessaire qu'elles soient faites par des jeunes soldats appartenant à des départemens de la même division militaire. Il ne faut pas que des jeunes gens puissent être expédiés d'une extrémité de la France à l'autre; mais toutes les réserves d'une division militaire étant placées sous le commandement du même officier général, on peut, sans inconvénient, étendre la faculté de permuter, jusqu'aux limites de la division.

Les demandes en permutation devront être visées et approuvées par les Préfets des deux départemens, avant d'être soumises à la décision du lieutenant-général investi du commandement supérieur.

Les deux permutans obtenant chacun ce qu'il avait désiré d'abord, il ne sera permis de stipuler d'autre prix ni d'autres avantages que ceux résultant des droits à la répartition future qu'acquerra en entrant dans les rangs de l'armée celui qui en avait été écarté, et qui, par contre, était obligé de fournir le *service pécuniaire*. De son côté, le permutant qui rentre dans la vie civile, non-seulement abandonne les droits que sa position dans la réserve pouvait lui faire espérer, mais encore il sera tenu de fournir au contingent de son co-permutant la contribution pécuniaire qu'il eût été obligé lui-même de verser dans son propre canton.

La loi doit déclarer nulles et non avenues, toutes stipulations et conventions de prix en dehors des sommes formant l'objet des répartitions générales affectées à la classe. Ce sera un moyen efficace pour empêcher des tiers de se livrer à aucun trafic sur ces permutations, qui du reste, ne se présenteront que rarement.

Organisation du Service militaire.

§ Ier.

De l'effectif entretenu sous les drapeaux.

Toutes les opinions se sont accordées sur la composition de l'armée en deux parties :

1° L'effectif entretenu sous les drapeaux;

2° Les hommes laissés en réserve dans leurs foyers.

Le discours de l'illustre maréchal Ministre de la guerre, en présentant la loi à la Chambre des Pairs, et les discussions auxquelles ont pris part dans cette Chambre tant d'hommes éminens dont la France se glorifie, ont jeté une si vive lumière sur toutes les questions relatives à la réserve et à la durée du service, qu'il y aurait témérité à nous d'émettre à cet égard nos propres pensées, alors surtout qu'elles sont en parfaite harmonie avec les principes adoptés; mais animé des mêmes sentimens de nationalité et de patriotisme, nous avons dû, ménageant les intérêts du trésor et ceux des familles, combiner les élémens de force inhérens à l'organisation que nous proposons, de manière à résoudre cet important problême, présenté par M. le Ministre de la guerre : « lier l'armée a la nation et l'organiser de telle sorte que, citoyenne sans cesser d'être militaire, elle puisse passer rapidement de l'état de paix à l'état de guerre et de l'état de guerre à l'état de paix. » (*Exposé des motifs*, page 45). Nous avons désiré que la loi élevât la France au plus haut degré de puissance militaire.

Tout le monde a reconnu que l'armée sur le pied de guerre avait besoin d'un effectif de 500,000 hommes au moins, prêts à défendre le pays au premier cri de guerre;

mais en temps de paix cette force doit être réduite dans des proportions déterminées par les Chambres. Ces proportions, dans les circonstances actuelles, varient de 340 à 350,000 hommes entretenus sous les drapeaux; le surplus reste à la disposition du Ministre de la guerre, à titre de réserve.

La durée du service pendant huit ans a paru être la plus convenable et celle qui devait concilier le plus utilement les besoins de l'armée avec ceux de l'agriculture et de l'industrie.

Dans notre système de recrutement, voici comment nous entendons que serait réglé l'emploi de ces huit années de service militaire, le contingent mis à la disposition du gouvernement étant fractionné en deux parties inégales:

La levée de chaque classe est indiquée par la loi annuelle à 80,000 hommes, mais il en faut déduire, par approximation, 10,000; nous comprenons dans ce nombre le service de l'armée de mer pour un contingent d'environ 6,000, et les inscrits maritimes pour 1,600; nous y comprenons aussi les élèves de l'École polytechnique, et ceux de l'École dite de *Jeunes de langues;* les membres de l'Instruction publique, les élèves de l'École Normale, et les professeurs des institutions royales de Sourds-Muets; les élèves ecclésiastiques, et les grands prix de l'Institut et de l'Université, tous réunis, donnent un total de dispenses d'environ 1,350; et finalement nous comprenons un chiffre de 1,050 pour les décès et les condamnations survenus dans l'intervalle de la clôture de la liste départementale à la mise en activité du contingent, ainsi que pour tous les autres cas imprévus qui peuvent surgir pendant le même espace de temps.

Nous ferons remarquer qu'avec notre système de recrutement nous n'avons pas dû faire entrer en déduction des

80,000 hommes les soutiens de famille, laissés dans leurs foyers, parce que les jeunes gens portés sur la liste du contingent, sont ceux qui ont demandé à faire partie de l'armée. Cette même raison ne permet pas de comprendre dans la déduction les individus signalés comme insoumis à la loi actuelle, et qui ne se reproduiront pas sous l'empire de la loi nouvelle; on pourrait appliquer le même raisonnement à plusieurs autres cas. L'appel à l'activité reposant sur des déclarations formelles de faire personnellement le service militaire, et ce service, loin d'être considéré comme le plus lourd et le plus dur des impôts, étant devenu au contraire une carrière avantageuse à parcourir, il est certain que l'on verra disparaître toutes les non-valeurs résultant d'une répugnance pour le service, ou de toute autre mauvaise volonté. Comme aussi, on verra disparaître un grand nombre de cas d'infirmités contractées après la clôture définitive du contingent.

Ainsi, en portant à 10,000 les réductions légitimes et forcées, nous faisons une large concession, surtout si l'on compare ce nombre avec celui de 15,000, qui est aujourd'hui généralement accordé.

Sur les 70,000 hommes disponibles pour l'armée de terre, 55,000 seront mis en activité immédiatement après toutes les opérations de recrutement, c'est-à-dire au moment où une ordonnance royale jugera convenable de les faire incorporer; les 15,000 restans seront laissés dans leurs foyers en état de réserve. L'armée effective se composera donc de huit contingens de 55,000 hommes qui se réduiront par les chances de perte et de mortalité à 356,472 (1), auxquels il faudra ajouter 49,225 hommes

---

(1) Voir les Tables imprimées à la suite de l'excellent rapport de M. le général vicomte de Préval.

qui, dans la force de l'armée, ne proviennent pas des appels. Ce nombre pris d'après le budget de 1843, comprend les officiers de toutes armes pour un chiffre de 16,516; la gendarmerie pour 14,961; les vétérans pour 4,822; les sous-employés d'état-major pour 1,525. Les Zouaves, les bataillons d'Afrique, les compagnies de discipline, les services administratifs à Alger et, enfin, la légion étrangère comptent pour 11,401 hommes. Nous ne pouvons comprendre dans l'effectif de l'armée, organisée d'après notre systême, comme recrutés en dehors des appels, ni les *engagés volontaires*, ni les *rengagés*, parce qu'ils compteront dans le contingent que devra fournir le canton de leur domicile légal.

L'effectif serait de 405,697 hommes si les huit contingens complétaient leurs huit années de service militaire; mais les nécessités budgétaires obligeant le Ministre de la guerre à n'en conserver sous les drapeaux que 345,000, il sera délivré tous les ans des congés illimités à 20,000 hommes ayant complété cinq années de service réel. Trois contingens de 20,000 donneront à déduire 60,000 sur les 405,697 produits par les huit contingens de 55,000 appelés. Ainsi l'armée effective se trouvera réduite à 345,697 hommes, comme le veulent les lois financières.

L'armée de réserve sera composée de huit contingens de 15,000 hommes, formant un total de 120,000, mais il se réduira à 105,000 par suite des décès ou autres pertes. A ce nombre de jeunes gens laissés dans leurs foyers, il faut ajouter les trois contingens de 20,000 chacun, renvoyés en congé illimité après les cinq années passées sous les drapeaux. La réserve s'élèvera donc à 165,000 hommes; les deux parties de l'armée réunies, produiront un effectif de 510,697 hommes, dont les quatre cinquièmes seront habitués au service, et formeront une armée digne de la nation française. Cette armée sera d'autant plus imposante qu'elle ne comptera dans son sein que des citoyens qui, ambitionnant l'honneur de porter les armes, se voueront par caractère au service de leur patrie.

Le tableau suivant rendra sensible aux yeux les diverses subdivisions que nous venons d'indiquer pour le chiffre total de l'effectif :

Appel du contingent.

Levée annuelle de.	80,000	
A déduire.	10,000	70,000 h.
Mise en activité sous les drapeaux. . .		55,000
Il restera pour la réserve.		15,000
Huit contingens de 15,000 produiront. .		120,000
Pertes par mortalité ou autres. . . .		15,000
Reste.		105,000

Effectif de l'armée active.

1° Huit contingens de 55,000, réduits à	356,472
2° Pris en dehors des appels.	42,225
Appelés à l'activité.	405,697
A déduire pour les congés illimités donnés, après cinq ans de service, à 3 contingens de 20,000 hommes.	60,000
	345,000

Effectif de l'armée en réserve.

1° Huit contingens de 15,000 jeunes gens
non appelés à l'activité, réduits à. . . . 105,000
2° Trois contingens de 20,000 hommes
ayant servi pendant cinq ans. 60,000

165,000

Armée disponible.

1° Effectif de l'armée active. 345,697
2° Effectif de l'armée en réserve. . . . 165,000

Total de l'armée. . . . 510,697

§ II.

De la Formation de la Réserve.

Deux systêmes de réserve ont été soumis à la Chambre des Pairs, l'un présenté par le gouvernement, et l'autre, par la commission. Le premier consistait à faire passer tout le contingent sous les drapeaux, et à renvoyer dans leurs foyers chacun de ces contingens après cinq années de services effectifs. Par ce moyen, on voulait obtenir une réserve composée de militaires instruits et expérimentés. Le second, présenté par la commission consistait à n'appeler sous les drapeaux que le nombre d'hommes nécessaires au besoin du service, et à laisser les autres en état de réserve dans leurs foyers, assimilés aux militaires en congé.

La Chambre des Pairs a prouvé par sa discussion, aussi bien que par son vote, que les deux systêmes pouvaient être bons; l'un ne l'a emporté sur l'autre qu'après deux épreuves douteuses, à la majorité de quatre voix seulement. La Chambre s'est trouvée, pour ainsi dire, embarrassée dans le choix ; le gouvernement, lui-même, ne s'est que faiblement opposé à celui de la commission, qui a obtenu les honneurs de l'adoption.

C'est en regard de ces deux systêmes absolus que nous présentons le nôtre. Si nous ne nous trompons, ce systême contribuera à la bonne organisation de l'effectif entretenu sous les drapeaux, et, au jour du danger, il fournira à l'État les moyens de suffire promptement aux plus urgentes nécessités de la guerre ; il aura d'ailleurs le mérite de rapprocher les deux autres systêmes, et d'en combiner les élémens. — Les soldats instruits et expérimentés sont utiles, sans doute, dans la réserve, mais les anciens sont non moins nécessaires sous les drapeaux.

Si d'après le systême du gouvernement, on renvoyait intégralement au bout de cinq années chaque contingent dans ses foyers, que resterait-il à l'armée de vieux soldats ? Quelques hommes qui réclameraient cette faveur comme un bienfait ; mais en trop petit nombre pour donner de l'énergie aux jeunes recrues, et les ployer au joug de la discipline. D'un autre côté, si selon le systême adopté par la Chambre des Pairs, on n'incorpore que les hommes nécessaires pour compléter, suivant les variations des lois budgétaires, l'effectif de l'armée active, et si on oblige tous les appelés à servir pendant les huit années exigées par la loi, la réserve sera composée de fractions de contingens n'ayant aucune notion, ni des exercices, ni des pratiques militaires. Le jour où il y aurait nécessité de l'incorporer dans les cadres de l'armée, on trouverait des hommes sans discipline, peu disposés à se soumettre à ses exigences ; étrangers à la carrière des armes, ils seraient vraisemblablement un grand embarras pour les corps qui les recevraient.

Il importe donc de conserver sous les drapeaux le plus possible de ces braves militaires qui comptent de longs et honorables services, comme il importe aussi de ne pas trop amoindrir le nombre de jeunes soldats que les contingens annuels doivent fournir à l'armée. C'est dans la combinaison de ces deux élémens de jeunesse et de maturité, de force physique et d'expérience pratique, que nous faisons reposer non seulement la bonne composition de l'armée active, mais aussi celle de la réserve.

Si, après cinq années de service, vous ôtez à chaque contingent, ainsi que nous l'avons dit, 20,000 hommes pour les *mettre en congé illimité*, vous donnerez à la réserve 60,000 hommes instruits et disciplinés, qui la tiendront en état d'être employée au premier cri de guerre, de la manière la plus avantageuse, à la défense de la patrie. Parmi ces 60,000 militaires, se trouveront certainement compris des caporaux et des sous-officiers ; on pourra les employer dans leurs cantons à enseigner aux hommes de la réserve, restés dans leurs foyers, le maniement des armes et l'école du soldat. Cet apprentissage élémentaire ne donnera lieu à aucun de ces rassemblemens de troupes que paraissait craindre le savant Rapporteur de la commission de la Chambre des Pairs ; il n'y aura lieu non plus à distraire des cadres de l'armée aucun officier ni sous-officier, puisque cette instruction préliminaire des hommes de la réserve devra être donnée par les hommes de la réserve.

C'est avec juste raison, et avec une parfaite connaissance des hommes, que M. le général de Préval a dit, en parlant des militaires recrutés comme impôt par le mode en vigueur : « Entrés et retenus au service par l'exigence de la loi, il est fort improbable que des jeunes soldats, une fois rendus à leurs foyers, se réunissent volontiers pour se soumettre de nouveau à l'ennui des exercices et au joug de la discipline. La crainte d'y être encore condamnés, suffirait pour leur rendre ces réunions tout-àfait antipathiques. » Cela est vrai avec des hommes auxquels l'obligation du service militaire est échue par l'effet d'une opération de pur hasard, qui a mis à leur charge, sans compensation, la part d'impôt des exemptés et des libérés.

Mais avec le nouveau mode de recrutement on n'aurait plus des hommes *condamnés au joug de la discipline et à l'ennui des exercices;* ni des hommes *condamnés,* comme l'a dit l'honorable M. Vivien, *à dépenser leur activité dans les stériles emplois de la vie militaire;* on aurait des soldats entrés spontanément dans la carrière militaire, qui, pour eux, aussi, cessera d'être stérile. Avec de tels hommes dévoués au service de la patrie, doivent disparaître les doutes que le recrutement actuel a inspirés à la commission de la Chambre des Pairs. Notre système facilite à l'État les moyens d'exiger des jeunes soldats en réserve, qu'ils se forment aux premières pratiques des armes. Une instruction ministérielle réglera tous les besoins de ce service Quoique nous ne soyons pas compétent pour prévoir et indiquer ce qu'il serait bien de faire en pareille circonstance, il nous semble que l'on pourrait, sans frais, et sans agglomérer les hommes, obtenir que l'instruction élémentaire fût convenablement donnée par les anciens de la réserve aux jeunes recrues. Il suffirait de subdiviser les réserves de chaque canton en escouades de dix hommes ; elles seraient convoquées séparément au chef-lieu de canton, où elles trouveraient les armes nécessaires à leur instruction militaire. On accorderait une récompense, ou prime d'encouragement, au caporal, ou au sous-officier qui formerait les meilleurs élèves. Cette récompense serait décernée par le lieutenant-général commandant la division sur la demande du général commandant la subdivision, lequel ferait ses propositions d'après les rapports qui lui seraient

adressés par l'officier commandant le dépôt de recrutement et de réserve.

Les appels trimestriels ou semestriels de tous les
hommes de la réserve auraient lieu au chef-lieu de
canton; et là, le capitaine de recrutement, ou son lieu-
tenant, assisté de deux autres officiers détachés pour
quelques jours du régiment en garnison dans le département, s'assurerait, en présence du maire du chef-lieu
de canton, du degré d'instruction militaire des jeunes
soldats. C'est d'après les résultats de ces appels, ou
plutôt de ces revues, que le commandant du recrutement ferait ses rapports à l'autorité supérieure. — Mais
toutes ces opérations de détail, si nous insistions davantage, nous éloigneraient du but important que nous nous
sommes proposé; elles seront beaucoup mieux prévues
et coordonnées par l'autorité militaire elle-même.

Cette organisation de la réserve nous paraît mettre
d'accord les deux systèmes qui ont divisé la Chambre
des Pairs. — *D'une part*, elle ralliera les partisans du
système non admis, parce qu'ils trouveront dans la réserve plus d'un tiers de soldats ayant cinq années de
service, et que ce tiers aura initié les deux autres aux
pratiques militaires les plus usuelles. — *De l'autre part*,
elle sera sans doute approuvée par les défenseurs du
système adopté, car, en laissant tous les ans dans leurs
familles 15,000 hommes, nombre égal à celui d'après
lequel la commission, auteur de l'amendement, a fait
ses calculs, elle donnera les mêmes résultats. Conciliant
ainsi les besoins de l'armée, avec ceux de l'industrie et
de l'agriculture, cette combinaison méritera, nous l'espérons, l'assentiment des deux partis; on l'approuvera
surtout lorsqu'on aura reconnu la corrélation, qui s'établit entre la réserve ainsi composée, et le système général
de la loi que nous proposons.

4

Après avoir envoyé dans la réserve 20,000 hommes, il ne restera du contingent primitif, composé de 55,000, que 23,000 hommes à cause des pertes qu'il aura faites pendant les cinq années. Ces 23,000 vieux soldats seront en grande partie ceux que les chefs de corps auront désiré conserver ; ils maintiendront dans les régimens l'esprit d'ordre et de subordination qu'ils sauront si bien inspirer aux jeunes recrues. C'est aussi dans leurs rangs que le Ministre de la guerre trouvera les hommes disposés à continuer la carrière militaire.

Ce système fera disparaître un vice capital que la commission de la Chambre des Députés a signalé dans l'organisation actuelle. « Les efforts du gouvernement, dit l'honorable rapporteur , doivent tendre à augmenter le nombre des soldats anciens et rompus au métier. En général, notre armée est trop jeune , trop jeune de services , quant à la capacité militaire ; trop jeune d'âge, quant à la force physique. » C'est en favorisant les remplacemens par des militaires pris sous les drapeaux que la Commission veut remédier à un si grand inconvénient , mais elle ne s'aperçoit pas que le moyen proposé restera à peu près sans effet ; car, ces sortes de remplacemens, qui, d'ailleurs, sont et seront toujours en très-petit nombre , diminueront d'autant celui des rengagés. Notre projet, au contraire , en offrant aux meilleurs militaires une continuité de service pendant une deuxième et une troisième période avec des avantages plus étendus que pour la première, conservera dans les rangs un plus grand nombre de soldats anciens et rompus au métier (*Voir* page 55, et art. 42 et suiv. du Projet).

On doit admettre que tous les ans un grand nombre d'anciens militaires, excités par les avantages de la loi nouvelle, demanderont à continuer le service ; mais le Ministre de la guerre n'accordant cette faveur qu'aux plus dignes, supposons que le nombre des admis soit restreint à 12,000. — Qu'en résultera-t-il ? — C'est qu'au bout de la première période de huit ans, l'armée aura 90,000 hommes au moins ayant de sept à quinze ans de service, et tous *hommes de choix;* nous pourrions les appeler les vétérans de l'armée. La partie jeune compterait 210,000 hommes ayant de un à huit ans de service. Si nous ajoutons les 42,000 hommes, officiers et autres, qui ne proviennent pas des appels, on trouvera l'effectif de l'armée tel que le veulent les dispositions financières d'aujourd'hui.

Au bout de la seconde période, on pourra obtenir une armée ainsi composée : 40,000 hommes, ayant de quinze à vingt-trois ans de service; 90,000 de huit à seize ans, et 170,000 de un à huit ans de service.

Avec ce système l'armée ne sera plus *ni trop jeune de services, quant à la capacité militaire; ni trop jeune d'âge, quant à la capacité physique.* Nous avons donc raison de dire, et nous le répétons, que c'est dans la combinaison des deux élémens de jeunesse et de maturité, de force physique et d'expérience pratique, que nous faisons reposer la bonne composition de l'armée.

La population y trouvera aussi son avantage, car plus le Ministre de la guerre admettra d'anciens militaires à continuer le service, moins il y aura de jeunes soldats à demander aux familles. Nous avons posé le chiffre de 12,000 : eh bien! ce sera pendant la première période 12,000 hommes de moins que chaque année la population fournira à l'armée. Si à la seconde période, M. le Ministre admet, par an, 6,000 de ces anciens soldats à continuer leur carrière pendant cette nouvelle période, ce sera donc, après huit années d'exécution de la loi, 18,000 jeunes gens de plus qui resteront dans leurs familles.

4.

Les soldats composant l'armée y trouveront aussi particulièrement et personnellement leur bénéfice, car moins il y aura de jeunes gens de vingt ans appelés annuellement à faire partie du contingent, et plus il y aura d'individus qui contribueront au recrutement par le service pécuniaire ; ce qui augmentera d'autant la somme générale de la répartition. — Que les circonstances forcent le pays à mettre son armée sur le pied de guerre, et la France, en incorporant la réserve, pourra, au premier signal, présenter à l'ennemi 510,000 hommes d'une capacité militaire éprouvée, tous aptes à entrer en ligne de combat.

Si, dans l'état de guerre, une armée aussi formidable, appuyée sur un million de gardes nationaux, devenait insuffisante pour défendre l'indépendance nationale, et qu'il y eût lieu à faire des levées plus considérables, notre système faciliterait l'accroissement de l'armée. La loi qui augmenterait le contingent personnel, élèverait le service pécuniaire. — Si, donc, il fallait faire des levées de 100,000 hommes, les parts contributoires auraient un minimum, de 200 francs, et un maximum de 1,000 francs. — Si on demandait des levées de 120,000 hommes, le minimum du service pécuniaire serait porté à 300 francs, et le maximum à 1,200 francs, ainsi de suite.

La France, se trouvant alors dans un état anormal et exceptionnel, demanderait à son Gouvernement les mesures qu'exigerait le salut de la patrie. Mais nous ne pouvons ni ne devons prévoir une conflagration européenne telle, que la force militaire demandée pour l'état de guerre par tous les généraux, et accordée par le pouvoir législatif, ne suffirait pas à notre défense. Quel est le citoyen français, jeune ou vieux, militaire ou bourgeois, qui, dans une circonstance périlleuse, ne sentirait pas s'émouvoir dans son cœur ces élans de patriotisme qui sauvent les États? Espérons que l'armée telle que nous proposons de l'organiser, sera la plus puissante garantie du maintien de la paix.

De l'Engagement volontaire et du Rengagement.

Quoique l'engagement volontaire ne doive être qu'une partie extrêmement minime du nouveau mode de recrutement, il est nécessaire qu'il soit prévu et admis seulement comme principe par la loi fondamentale. Les conditions relatives à l'aptitude militaire et à l'admissibilité de l'engagé volontaire dans les différens corps de l'armée doivent être abandonnées au pouvoir exécutif, qui les déterminera par une ordonnance royale insérée **au** *Bulletin des Lois.*

Cette proposition peut paraître étrange, mais lorsque l'on saura que les engagés volontaires sont encore, sous le rapport de la discipline, d'aussi mauvais soldats que **les** remplaçans, on ne trouvera pas extraordinaire que l'on abandonne entièrement au pouvoir exécutif le soin de régler toutes les conditions du contrat qui doit intervenir entre le gouvernement et un citoyen. Dans ce contrat facultatif, les deux parties doivent être libres de leur volonté, l'État exprime la sienne en établissant par un réglement d'administration publique connu à l'avance, les conditions anxquelles il consent à traiter, et sous la foi desquelles il ouvrira les rangs de l'armée à celui qui veut **y** entrer; c'est son droit, chacun est libre de les accepter. Notre intention n'est pas de discuter en ce moment les avantages ou les inconvéniens qui peuvent résulter de l'engagement volontaire; nous l'admettons comme principe. Cette concession est faite plus dans l'intérêt des familles que pour l'utilité de l'armée.

La cause des mauvais résultats de l'engagement volontaire se trouve dans le systême du recrutement. C'est
pour dégrever la population recrutable, que l'administration se montre facile et passe légèrement sur les conditions de ces enrôlemens ; plus le nombre d'engagés augmente, nous venons de le dire, moins elle appelle de soldats à l'activité, et par conséquent elle laisse à leurs familles autant de jeunes gens qui leur sont utiles.

Dans les temps ordinaires, dans les temps calmes, les
individus qui s'engagent volontairement sont presque
tous, ou des enfans mineurs, ou des jeunes gens sans
métier et sans profession, quelquefois, aussi, des ou-
vriers sans ouvrage. Les mineurs de dix-huit à vingt ans
sont annuellement dans la proportion de 38 sur cent
engagés, et les individus sans profession déterminée,
donnent régulièrement une proportion de 64. Si on compare cette dernière proportion à celle de *4 sur cent
seulement*, donnée par chaque appel de 80,000 hommes,
on sera convaincu par cette différence immense que ce
n'est point par amour de l'état militaire que ces jeunes
gens vont s'enrôler. Les uns sont de jeunes étourdis,
d'une organisation vicieuse qui par leur inconduite
inquiètent leurs familles. Ne pouvant vaincre leur caractère indomptable, les parens les contraignent à s'engager *volontairement*, dans l'espoir que les épreuves d'une
discipline plus rigide et plus sévère les rendront meilleurs. Les autres sont des individus d'un naturel pares-
seux, qui, pressés par les besoins, vont chercher un re-
fuge dans les rangs de l'armée. Mais, bientôt, soldats
indociles, ils violent la discipline militaire, qui sévit
contre eux avec toute la rigueur des lois faites pour la
protéger. Souvent elle améliore les jeunes gens ; elle
les assouplit ; et, avec le besoin de la subordination, elle
leur donne l'amour de l'ordre ; sous ce rapport, l'armée

rend un grand service aux familles, mais l'embarras pour les corps est tel que que ce n'est qu'avec la plus grande réserve qu'il faudrait faire de telles admissions.

Une question majeure est celle des rengagemens; elle a déjà beaucoup préoccupé les esprits, et elle n'a reçu qu'une solution fort incomplète par les diverses lois sur le recrutement. Cependant tout le monde comprend combien il importe de conserver dans les rangs de l'armée les bons soldats et les bons sous-officiers; leur influence morale et leur contact journalier avec les jeunes recrues sont de puissans auxiliaires pour le maintien de la discipline. L'homme qui aura passé huit ans sous les drapeaux sera apte, plus que tout autre, à donner au jeune soldat les principes rigides de la subordination. La loi doit donc donner aux rengagés tous les encouragemens possibles.

Nous avons dit que l'armée devait présenter une carrière aussi avantageuse qu'honorable à ceux qui la parcourraient comme soldats et sous-officiers; notre projet obtiendra, nous l'espérons, cet heureux résultat. L'homme retiré du service après la première période, peut, avec le pécule qui lui est acquis, se procurer une position dans la vie civile. Mais les effets de la loi ne doivent pas s'arrêter là; elle doit offrir de nouveaux avantages à ceux qui voudront continuer leur carrière et se rengager.

Dans l'année qui précédera la libération de chaque classe, les militaires présens sous les drapeaux seront admis devant le conseil d'administration de leurs régimens pour y déclarer, s'ils le désirent, qu'ils entendent continuer le service militaire pendant une nouvelle période de huit années.

Tous les ans, les chefs de corps transmettront à M. le Ministre de la guerre des états contenant les désignations nominales des demandes en rengagement, avec des anno-

tations sur chacun des individus. Au moyen de ces états,
le Ministre pourra connaître le mérite des demandeurs,
et réduire, dans le cas d'un trop grand nombre de déclarations, les rengagemens aux proportions nécessitées par
les besoins du service. L'armée étant intéressée à ne conserver dans ses rangs que les meilleurs militaires, la préférence sera accordée à ceux dont les états de services
seront les plus honorables.

Aussitôt après avoir arrêté le nombre des rengagemens,
le Ministre de la guerre renverra les états nominatifs des
soldats, caporaux et sous-officiers admis à se rengager,
aux préfets des départemens auxquels appartiendront ces
militaires. Leurs noms seront inscrits en tête de la liste
du contingent demandé au canton dont ils ont fait
précédemment partie. Ils continueront à rester a leurs
corps, et ils seront dispensés de se présenter devant les
conseils de révision.

Tous ces rengagemens, ainsi que les engagemens volontaires contractés dans le cours de l'année, viendront
en déduction du nombre de jeunes gens que les cantons
auront à fournir l'année suivante. Les rengagés jouiront
des mêmes avantages que ces jeunes gens dans la répartition de la somme afférente à leur classe. Cette position
qui leur ouvre de nouveaux droits, ne peut nuire en aucune façon aux droits irrévocablement acquis sur la
classe libérée.

Des permutations entre les militaires en activité et ceux en réserve.

Il peut arriver dans le courant des huit années de service obligé, que la position civile de l'homme actuellement
sous les drapeaux change de manière à nécessiter sa présence au foyer domestique. Dans ce cas, il pourra s'opérer
une permutation entre le militaire en activité et un jeune

soldat de la réserve laissé dans ses foyers, ou avec tout autre militaire du même département en congé illimité. L'un achèvera le temps de service de l'autre, et celui-ci accomplira dans la réserve les obligations imposées au premier. Ce changement de personnes, utile aux individus qui l'opéreront, ne contrariera point les besoins du service. Leurs demandes seront adressées au Ministre de la guerre, qui pourra, s'il le juge convenable, déléguer aux lieutenans généraux commandans les divisions, le pouvoir de statuer sur l'opportunité de ces permutations.

Mais ici, comme nous l'avons déjà dit pour un autre genre de permutation, il ne sera fait entre les permutans d'autres stipulations et conditions d'intérêt que celles qui porteront sur leurs parts futures dans la répartition de la somme due à leur contingent. Toutes autres stipulations seront considérées comme nulles et non avenues.

Dispositions pénales.

Toutes les dispositions pénales prévues par la loi de 1832, et celles qui ont été adoptées dernièrement par la Chambre des Pairs, compatibles avec le nouveau mode de recrutement, font partie du projet de loi que nous proposons. Il est inutile de reproduire ici les considérations qui les ont dictées et les justifient.

Dispositions particulières.

L'un des meilleurs moyens d'arriver à obtenir de bons sous-officiers, c'est sans contredit de faire donner à tous ces jeunes Français qui entreront dans l'armée avec des sentimens patriotiques, l'instruction élémentaire prescrite pour les écoles primaires. Formés à la discipline et à l'étude des manœuvres régimentaires, ils acquerront dans ces écoles le complément des capacités nécessaires à la bonne administration de leurs compagnies.

Il nous paraît fort important et très-utile pour encourager les jeunes gens à se vouer à la carrière des armes, de leur offrir autant que possible une continuité de service qui assure leur existence à venir. Ainsi, lorsqu'un brave soldat aura honorablement fait seize années de service, et qu'il aura été compris dans le contingent de deux classes de son canton, il ne peut y avoir aucun inconvénient à ce qu'on l'admette à recommencer pour la troisième fois une période de huit années. Nous disons que cela pourra avoir lieu sans inconvénient, car toutes les lois sur le recrutement de l'armée, et même l'article 23 du projet de loi actuellement soumis à la Chambre des Députés, ont accordé à l'homme qui est, ou a été militaire, la faculté de remplacer jusqu'à l'âge de trente-cinq ans ; il est, par conséquent, reconnu qu'il pourra faire un bon service actif jusqu'à l'âge de quarante-trois ans accomplis. Le militaire qui n'aura pas quitté les drapeaux et qui aura donné toute satisfaction à ses chefs pourra donc, quoique arrivé dans sa trente-sixième année, parcourir utilement pour l'armée, une troisième période qui l'amènera à l'âge de quarante-quatre ans. A cette époque il aura acquis les trois pécules afférens aux trois classes dont il aura fait partie, et il pourra avec cette somme, et surtout s'il obtient l'une des places dont nous allons parler, jouir d'une existence honorable.

Dans la carrière militaire, comme dans toutes les carrières administratives et civiles, l'État doit récompenser ceux qui l'ont servi avec dévouement. L'homme qui a passé la majeure partie de sa vie dans les rangs subalternes de l'armée a pu, indépendamment des actions d'éclat qui méritent une récompense spéciale, rendre d'utiles services à son pays. Que le soldat soit pris comme une unité, ou qu'il soit pris collectivement comme faisant partie de l'armée, il est certain qu'il a contribué à assurer au-dedans l'ordre public et le respect aux lois, au dehors la dignité et la prépondérance nationales ; plus il est ancien dans le service militaire, plus il a acquis de droits à la reconnaissance publique. L'État ne saurait oublier de tels services, ni abandonner de tels serviteurs ; il leur doit aide et protection, même après leur sortie de l'armée. — Ce soldat, ce sous-officier qui rentre dans ses foyers, après vingt-quatre ans de bonne conduite, est encore assez fort, assez actif pour être utile dans quelque administration publique, plus ou moins en rapport avec la carrière militaire ; il peut être placé selon sa capacité et son intelligence, soit dans les douanes, soit dans l'administration forestière ; il peut être placé comme garde champêtre dans l'une des communes de son département. L'administration des postes peut aussi le recevoir, ne serait-ce que comme facteur rural. Il peut occuper d'autres emplois qu'il appartient au Gouvernement de spécifier.

Au surplus, le nombre d'hommes qui arriveront à ces vingt-quatre ans de service, ne sera pas aussi considérable qu'on pourrait le croire tout d'abord ; une grande partie des rengagés quitteront l'armée à l'expiration de la deuxième période, parce qu'à cette époque, jeunes encore et avec leur double pécule, ils trouveront moyen de se caser convenablement dans la vie civile. D'un autre côté, les corps de la garde municipale et de la gendarmerie devant, aux termes de l'article 63 du nouveau projet, se recruter tous les ans en premier lieu parmi *les sous-officiers et caporaux* qui auront passé sous les drapeaux les huit années de la première periode, et en second lieu, parmi les *sous-officiers, caporaux et soldats* qui auront fait une deuxième ou troisième période, il ne restera qu'un nombre assez restreint d'hommes pouvant prétendre aux diverses places disponibles dans les administrations publiques. Du reste, ce ne sera pas un *droit personnel* dont ces militaires pourraient réclamer l'exercice, mais *l'armée aura droit* à un certain nombre de places qui seront réservées dans une proportion légalement réglée et arrêtée.

Les nominations auront lieu à la fin de chaque semestre de juin et de décembre qui précédera l'époque de la libération.

Dispositions transitoires.

Sous ce titre, nous avons pensé qu'il était utile d'accorder aux sous-officiers, caporaux et soldats de la classe prochainement libérable, la faveur d'être admis à contracter des rengagemens, et à profiter des bénéfices de la loi nouvelle dans les termes que nous avons proposés.

Cette même faveur sera accordée aux militaires servant comme remplaçans; mais les conseils d'administration pourront refuser de recevoir leur déclaration, si par leur conduite antérieure ils ne sont pas dignes de rester dans l'armée.

Troisième Partie.

De l'impossibilité avec le remplacement d'améliorer le recrutement de l'armée.

§ Iᵉʳ.

De l'impuissance des mesures proposées par le Gouvernement.

L'indispensable nécessité de modifier la loi du recrutement est aujourd'hui un point incontestable; tout le monde reconnaît qu'elle ne suffit pas à la bonne composition de l'armée. Le Gouvernement a appelé l'attention des Chambres, non-seulement sur les points défectueux, mais sur la loi entière. Tout est remis en question; ainsi cette loi doit disparaître devant celle qui est en discussion.

Dans cet état de choses, ne convient-il pas d'examiner si en présence des réformes indispensables, et de l'envahissement progressif du mal dont on se plaint, il ne vaudrait pas mieux en détruire le germe que de lui tracer des limites? N'est-il pas à craindre que le mal, toujours vivace, et tendant toujours à s'accroître, ne défie tous les obstacles? Ce mal ne parviendra-t-il pas à franchir les bornes qu'on aura voulu lui imposer?.... — Voulant seconder, autant qu'il pouvait être en nous, la tendance générale vers des améliorations, nous avons, nous aussi, porté notre attention sur les parties les plus importantes de l'organisation militaire.

Après avoir fait connaître quels avaient été les progrès

du remplacement devenu si nuisible à l'armée, et rappelé quelles avaient été les vives préoccupations des orateurs dans les discussions relatives à plusieurs classes, il nous reste à démontrer l'impossibilité d'arriver à des réformes efficaces tant que la loi, ayant pour base principale les chances du hasard, sera forcée d'accorder le droit de remplacement.

Les mesures que la Chambre des Pairs a adoptées pour garantir l'état civil et la moralité des remplaçans, sont, à quelque chose près, la reproduction de celles qui étaient prescrites administrativement. « On a pensé, dit M. Vivien dans son rapport, qu'en entourant les contrats de remplacemens de formes solennelles, en exigeant qu'ils fussent passés devant des officiers publics, on préviendrait les fraudes et les détournemens trop souvent pratiqués au préjudice des remplaçans. On a pensé qu'en exigeant la conservation du prix, on empêcherait qu'il fût dépensé en quelques jours et même en quelque heures, et que l'on assurerait à la fois les intérêts du remplaçant et ceux de la discipline. » Ces précautions garantissent, sans doute, les intérêts patens et avoués de quelques remplaçans contre les manœuvres de certains spéculateurs ; elles protégent ceux qui, loyalement et de bonne foi, aliènent leur liberté pour être utiles à leurs familles. Sous ce rapport, elles seront justement profitables aux intérêts de ces jeunes gens ; mais ce n'est pas dans cette fraction très-minime de remplaçans que se trouvent les hommes dont l'armée est en droit de se plaindre. Ces mesures atteindront difficilement ceux qu'un esprit de désordre et de dissipation excite à faire bon marché de leur liberté ; ceux-là forment la masse des remplacemens désastreux. Impuissantes contre la fraude et la cupidité, elles porteront à faux, car elles agiront à côté du mal que l'on veut détruire.

En entourant de difficultés la faculté de se faire remplacer, et surtout en empêchant les remplaçans de recevoir à leur gré le prix de leur contrat, la loi rendra ces hommes beaucoup plus exigeans envers les pères de famille. Ces hommes qui n'acceptent l'obligation de faire le service militaire qu'afin de se procurer de l'argent pour satisfaire leurs mauvaises passions, et se livrer aux débordemens de quelques jours de honteuses débauches, imposeront aux remplacés, en dehors du prix stipulé dans le contrat, le paiement au comptant d'une somme supplémentaire. « L'intérêt personnel et la fraude, a dit M. le Ministre de la guerre, sont fertiles en expédiens, » et nous, nous répétons que la loi jouera au plus fin avec les plus habiles et les plus audacieux agens en ce genre d'industrie. Obligés de faire remplacer leurs enfans dans un temps donné, les pères de famille se soumettront aux conditions imposées ; quelquefois même, ils se prêteront aux manœuvres qui auront pour but d'éviter les prévisions de la loi.

Tant qu'il y aura des remplacemens à faire, il y aura des recruteurs qui iront racoler les individus mis à prime par tête ; il y aura des entremetteurs qui les logeront, et se rendront maîtres absolus de leurs personnes en flattant et en excitant les passions les plus dégradantes. « Trop souvent, dit M. Vivien, les remplaçans n'acceptent cette condition que comme une dernière ressource, après avoir épuisé toutes les autres, faute de moyens d'existence et à la suite des désordres d'une vie turbulente et dissipée qui les a rendus à charge à leur commune, à leur famille et à eux-mêmes. Des proxénètes sans foi s'emparent d'eux, troublent leur raison dans d'ignobles orgies, abusent odieusement de leur crédulité, et volent le prix même d'un contrat qui engage leur liberté et peut-être leur vie. » (Rapport, page 22). Les individus ainsi recrutés et racolés, procurant aux agens les bénéfices les plus considérables, il est évident que ce sera toujours vers ceux-là qu'ils porteront leurs principales spéculations. L'armée continuera à recevoir cette masse de remplaçans qui, habitués à la débauche, apportent dans son sein tous les élémens d'une perturbation incessante.

Pour détruire un mal si grave, un mal considéré par les hommes d'État, par les généraux et par le Gouvernement lui-même, comme un *malheur pour l'armée française,* il ne faut pas se contenter de tourner les difficultés, il faut les aborder en face pour les combattre. Plus le mal est grand, plus le remède doit être souverain. Ne temporisez point avec *cette plaie d'une profondeur immense !* Pénétrez dans ses abîmes, et faites qu'elle ne puisse plus se reproduire ! A cette condition se rattache la bonne composition de l'armée.

§ II.

Des remplaçans pris sous les drapeaux, et des remplaçans ayant déjà servi.

Favoriser le remplacement par des militaires, ainsi que le propose le projet de loi du Gouvernement, serait, sans doute, un moyen d'amoindrir les dangers que présente cette substitution de personnes, s'il pouvait obtenir le succès que l'on paraît en espérer. Nous allons l'examiner sous un double point de vue, et signaler les difficultés qu'il doit rencontrer. Ou les *militaires remplaçans seront sous les drapeaux,* ou, ayant déjà servi, *ils seront en état de liberté.*

Sur le premier point :

Les remplacemens au corps par les hommes du corps sont ceux, en effet, qui présentent le plus d'avantages et le plus de garanties à toutes les parties. L'État conserve sous les drapeaux un bon soldat, le père de famille n'a pas à craindre les chances de désertion, et le remplaçant lui-même est sûr de toucher le prix de son remplacement. Ce mode, en vigueur depuis plusieurs années, a reçu par deux ordonnances, l'une du 28 janvier 1837, et l'autre du 16 mars 1838, la plus grande extension possible ; cependant, le nombre de ces remplacemens est resté extrêmement minime (1). Pour leur donner un accroissement, et pour engager les pères de famille à faire remplacer de préférence leurs enfans par des militaires présens sous les drapeaux, le projet de loi donne un caractère légal aux mesures qui précédemment n'étaient qu'administratives, et il ajoute un article portant que « le remplacé ne sera soumis à aucune responsabilité si, au moment du remplacement, son remplaçant était sous les drapeaux. »

---

(1) *Au* 1er *janvier* 1839 , sur un effectif de 263,493 hommes dont se composait l'armée, on comptait 68,000 remplaçans ; les corps en avaient admis 8,721 ayant déjà servi ; de ce nombre il faut déduire ceux qui avaient quitté l'armée depuis plusieurs années et y rentraient comme remplaçans. De telle sorte qu'en divisant le chiffre restant par les sept contingens de l'armée, on aura de la peine à trouver 1,000 *remplacemens au corps* par des *hommes du corps* effectués dans le courant de chaque année En somme, chacun des 175 ou 180 régimens composant l'armée française , se trouve avoir effectué cinq remplacemens de ce genre.

Au 1er *janvier* 1840 , sur un effectif de 257,000 hommes, il y avait 70,405 remplaçans. Les corps avaient reçu , pour les sept classes , 10,230 remplaçans, ce qui peut faire évaluer , pour chaque année et chaque régiment, à 8 les remplacemens *opérés au corps* par des *hommes du corps*.

Au 1er *janvier* 1841, sur un effectif de 390,745 hommes, il y avait 100,958 remplaçans ; 13,340 ayant servi avaient été reçus par les régimens, ce qui d'après les mêmes calculs, donne annuellement 11 remplaçans au corps pour chaque corps.

Au 1er *janvier* 1842 , sur un effectif de 389,000 hommes, les remplaçans reçus au corps ayant déjà servi , s'élevaient, pour les sept classes , à 14,794. Le résultat du calcul est à peu près le même que pour 1841.

Cette disposition de l'article 31 est fort attrayante sans doute, mais elle manquera son effet ; nous allons en expliquer les motifs :

La loi, en donnant toute faveur aux *remplaçans militaires*, consacre deux qualités de remplaçans, l'une supérieure à l'autre ; plus elle accordera de faveur à la première, plus elle dépréciera la seconde. Les premiers se prévaudront de cet avantage, et soit qu'ils traitent directement avec le remplacé, soit qu'ils traitent par l'intermédiaire d'un agent, ils exigeront un prix supérieur à celui généralement accordé aux remplaçans de la seconde catégorie. Mais le père de famille, maltraité par la partie de jeu que la loi lui a fait jouer dans l'opération du tirage au sort, et qui se sent lourdement grevé par cet impôt, se préoccupera peu de l'intérêt de l'armée, il ne songera qu'à payer le moins cher possible le remplacement de son fils ; par conséquent, il n'aura recours aux remplaçans *de première qualité* que lorsque ceux *de la deuxième qualité* seront entièrement épuisés.

La faveur exceptionnelle accordée au remplacé, de n'être soumis à aucune responsabilité pour le cas de désertion du remplaçant, lorsqu'au moment du remplacement celui-ci était sous les drapeaux, ne séduira pas le père de famille, car il trouvera dans l'article 26 du projet du Gouvernement des dispositions qui le mettront à l'abri de toutes craintes pour cette responsabilité. En effet, si le prix stipulé est payable en numéraire, la somme ne doit-elle pas être déposée dans une caisse publique ? Si le prix n'est payable qu'à un ou plusieurs termes, ou en valeurs mobilières d'une autre nature, la grosse de l'acte ne doit-elle pas aussi être déposée dans la même caisse ? D'ailleurs, les parties ne feront-elles pas insérer dans le contrat, que le prix du remplacement n'appartiendra au remplaçant qu'à l'expiration de l'année de

responsabilité, et à la charge par lui de justifier de sa
présence au corps? Cette combinaison de l'article 26 du
projet de loi, appuyée par les dispositions du second
paragraphe de l'article 28, portant que la caisse ne
pourra recevoir ni opposition au paiement, ni significa-
tion de transport ou de cession de droits sur les sommes
ou valeurs déposées, cette combinaison, disons-nous,
si protectrice par elle-même, ne sera-t-elle pas l'équi-
valent de la faveur accordée par l'article 31 du projet?
Quel danger, en effet, peut-il y avoir pour le remplacé
à traiter avec un individu *non militaire*, lorsque le prix
est si bien sauvegardé dans une caisse publique, spécialement chargée par une ordonnance royale de veiller
« *à l'entier accomplissement des conventions qui auraient
pu être stipulées dans les contrats?* (art. 27, § 3) »

Ainsi, le père de famille trouvera autant de sécurité
à traiter avec un individu *non militaire*, qu'avec un militaire présent sous les drapeaux; bien mieux, il le ren-
contrera, ou on le lui offrira dans son canton, dans sa
commune, et il n'aura pas besoin de se déplacer pour
aller chercher dans les villes de garnison des soldats disposés à remplacer ; il aimera mieux régler les conventions du contrat devant le notaire de sa localité, que
d'aller devant le notaire de la résidence du *remplaçant
présent sous les drapeaux*. Du reste, et comme nous
l'avons déjà dit, le *remplaçant civil* n'étant pas du nombre
de ceux que, selon l'esprit de la loi, nous appelons de
première qualité, cet homme sentira la nécessité de traiter
à un prix moins élevé pour obtenir la préférence sur le
remplaçant militaire. En opérant par voie économique,
le père croira agir sagement, et en bon père de famille;
comme citoyen, grevé par le sort d'un impôt dont
d'autres sont déchargés, il croira satisfaire au paiement
de sa dette envers la patrie, s'il présente un homme

réunissant tout juste les conditions requises pour n'être pas refusé par le conseil de révision.

D'ailleurs, n'est-il pas à craindre que cette différence entre remplaçans consacrée par la loi, ne donne lieu à une concurrence et à un agiotage que les agens exploiteront habilement à leur profit? Nous ne saurions prévoir si cette concurrence sera utile à la bonne composition de l'armée; mais, à coup sûr, elle ne relèvera pas la moralité des remplaçans.

Après avoir démontré que la faveur accordée par exception, n'ajoutera que peu au nombre actuel de remplacemens de ce genre, nous devons porter notre attention sur les effets qu'elle produira sur une autre partie intimement liée au point que nous venons d'examiner : nous voulons parler des rengagemens.

Les rengagemens qui, en 1834, étaient de 3,776, dont 2,742 sous-officiers, s'élevèrent, année par année jusqu'en 1838, au nombre de 7,949, dont 4,975 sous-officiers. Cette progression d'anciens militaires, demandant à continuer leur carrière, donnait de très-heureux résultats pour l'armée. — Mais, déjà à cette époque, le Gouvernement ressentant les fâcheux effets d'une surabondance de remplaçans, le Ministre voulut y remédier en excitant les militaires sous les drapeaux à contracter eux-mêmes des remplacemens. Il leur fut permis, d'abord, de traiter avant l'expiration de leur temps de service; et, plus tard, les chefs de corps furent autorisés à maintenir dans leur grade et emploi les caporaux, brigadiers et sous-officiers qui deviendraient remplaçans.

Voici quelles furent les conséquences malheureuses de cette mesure :

Les corps qui, sur un total effectif de 68,000 remplaçans présens en 1838 sous les drapeaux, n'avaient admis à remplacer au corps que 8,721 individus ayant servi, virent ce nombre s'élever considérablement dans le courant de l'année suivante. — En 1839, les anciens militaires admis comme remplaçans par les corps, montèrent au nombre de 10,230; par contre, les rengagemens qui, en 1838, avaient été de 7,949, dont 4,975 sous-officiers, se réduisirent au chiffre de 5,403, dont 3,547 étaient sous-officiers. Ce fut une perte réelle pour l'armée.

En 1841, le nombre des rengagés descendit à 4,299 dont 2,761 sous-officiers, mais les remplacemens faits par des anciens militaires et reçus par les corps s'élevèrent à 14,794. Il faut remarquer que cette augmentation eut une double cause : d'abord les ordonnances déjà citées, et, en second lieu, l'augmentation même de l'effectif de l'armée porté à 389,000 hommes. Ce n'était plus 68,000 remplaçans que l'on comptait sous les drapeaux, comme en 1838, mais, à la fin de décembre 1841, il y en avait *cent un mille trois cent soixante-six* qui étaient compris dans l'effectif des régimens.

Le déficit dans les rengagemens fut attribué par M. le Ministre de la guerre, aux dispositions réglementaires qui accordaient pour les remplacemens au corps les mêmes facilités que celles données par la loi devant les conseils de révision. « Cette diminution, dit le compte « rendu au Roi, paraît provenir des sous-officiers, ca- « poraux et brigadiers qui restent au service en qualité « de remplaçans. » Il est donc prouvé que ces mêmes dispositions, qui augmentent le nombre des remplaçans *pris sous les drapeaux*, diminuent par réciprocité le nombre des *rengagés*.

Ce changement de position, qui a réduit les rengagemens de 7,949 à 4,299, et fait perdre à l'armée en 1841, le nombre considérable de 3,650 rengagés, peut-il être profitable au bien du service? — Nous l'ignorons. Mais

il est certain que la partie du recrutement, qui se prend
en dehors des appels est diminuée de 3,650 anciens soldats dont 2,214 sous-officiers; il est certain que ces
hommes ont été enlevés à la catégorie des meilleurs militaires, pour être versés dans la catégorie de ceux qui donnent le plus de besogne à la justice criminelle, et à la
justice des conseils de discipline.

Nous avons déjà mis les condamnations des remplaçans
en présence de celles des jeunes soldats ; que l'on nous
permette maintenant de les mettre en parallèle avec celles
des rengagés « Les remplaçans, dit le compte rendu de
« la justice militaire, qui offraient dans l'année 1839,
« le nombre de 70,405, ont eu 1,638 prévenus et 1,189
« condamnations. C'est 1 *condamné* sur 59 *remplaçans*.
« — Les rengagés qui offraient un effectif de 13,635 ont
« eu 32 prévenus et 24 condamnations. C'est 1 *condamné*
« sur 568 *rengagés*. » Nous ajouterons : en 1839, il est
sorti 309 remplaçans des rangs de l'armée pour être incorporés dans les compagnies de discipline ; les rengagés
n'en ont fourni que 11 seulement.

Par ces rapprochemens, on voit quelle est l'importance
du préjudice certain qu'éprouve l'armée, en perdant un
nombre considérable de rengagés, et nous ne savons pas
ce qu'elle pourra gagner à les convertir en remplaçans.
Cette perte vient par contre, frapper directement sur la
population; car, l'effectif une fois fixé par les lois de
finances, on le compose d'abord de toute les parties qui
se recrutent en dehors des appels, et on le complète
ensuite, en appelant à l'activité le nombre de jeunes soldats nécessaires. Ainsi, perdant 3,650 engagés, il a fallu
évidemment appeler 3,650 jeunes soldats pour remplir la
lacune numérique qu'ils laissaient dans les rangs. Ce sont
donc, 3,650 familles que l'on a privées de leurs enfans ;
ce sont en moyenne 43 hommes par département que l'on

a demandés de plus à la population. N'est-ce pas là un résultat déplorable?

Du reste, ces rengagés qui se sont toujours bien conduits, et ont été honorables pendant tout le temps qu'ils ont servi pour leur propre compte, continueront-ils à servir de même lorsqu'ils seront entrés dans la catégorie des remplaçans?... Nous espérons qu'il en sera ainsi. Mais, selon les probalités humaines, n'est-il pas à craindre qu'un certain nombre de ces hommes, une fois saisis par la déconsidération qui se rattache à la qualité de remplaçant, ne se laissent entraîner aux mauvaises habitudes et aux vices de cette classe de militaires, plutôt qu'il n'y a lieu d'espérer qu'ils amèneront, eux, les autres remplaçans aux bonnes qualités et à la vie régulière des rengagés? (1) — Ces questions, posées comme simples observations, ne peuvent être convenablement résolues que par les chefs de l'armée, seuls juges compétens. Quant à nous, il nous suffit de les avoir indiquées.

En général, les remplacemens au corps se font entre militaires déjà liés au service. Ceux qui pour diverses causes sont obligés de rentrer dans la vie civile, traitent avec ceux de leurs camarades qui sont près de leur libération. C'est un militaire qui remplace un militaire. Les hommes laissés en réserve dans leurs foyers, venant à être appelés à l'activité, et les insoumis, ou retardataires jugés par les conseils de guerre, et dirigés ensuite sur leurs corps, sont aussi du nombre de ceux qui se font remplacer au moment de leur incorporation, par les militaires

______

(1) Cet appât du remplacement offert surtout aux sous-officiers, pourra bien arrêter leur carrière militaire ; car il est probable qu'ils n'obtiendront l'épaulette que très-difficilement. On conçoit, en effet, que le corps des officiers soit peu soucieux de fraterniser avec des militaires généralement fort peu considérés.

disponibles. Mais il se fait peu de ces remplacemens au moment de l'appel des classes.

Tout ce qu'il était possible d'obtenir de remplacemens au corps par des hommes du corps a été obtenu par les dispositions bienveillantes des deux ordonnances citées et par les louables efforts des colonels et des conseils d'administration. En admettant que les nouvelles dispositions de la loi viennent leur donner quelque accroissement, il est certain que ce sera toujours au détriment de l'excellente classe des rengagés. Ainsi, l'armée perdra un bien incontestable pour chercher un bien problématique, et que, vraisemblablement, elle ne trouvera pas; en attendant, les familles auront un plus grand nombre de jeunes soldats à fournir aux régimens.

Sur le deuxième point :

Les remplacemens faits par des militaires en réserve, ou déjà libérés du service.

Des difficultés d'un autre genre et non moins graves se présentent. « Tout le monde a reconnu, a dit **M.** le
« comte Dejean dans son discours à la Chambre des Pairs,
« que le soldat était le meilleur remplaçant que l'on pût
« trouver, mais on est aussi tombé d'accord que tout
« soldat qui ne pourrait être admis à remplacer avant de
« quitter le régiment ne se représenterait plus pour rem-
« placer, une fois qu'il serait rentré dans ses foyers » (*Moniteur* du 22 avril). Cette opinion de l'honorable Pair, quoique fondée, ne doit cependant pas être prise d'une manière absolue, et nous pouvons admettre que son principe subira quelques exceptions. Mais il ne faut pas se dissimuler que le militaire ayant quitté momentanément l'armée, avec l'espoir d'y rentrer bientôt comme remplaçant, voudra se donner quelque temps de liberté. Mu par ce sentiment, il ne songera pas à se créer un état pour un si court espace de temps; il dédaignera même de

travailler d'aucune façon pour vivre avec le gain de ses labeurs. Un moyen plus prompt et plus facile d'avoir de l'argent se présentera à son esprit ; il aimera mieux contracter avec un agent de remplacement, qui se chargera de le loger gratuitement dans l'un de ces réceptacles où vont s'aglomérer tous les individus racolés par les recruteurs subalternes. Pour mieux s'assurer de sa personne, l'agent entretiendra ses mauvais penchans, fera naître chez lui des idées de dissipation, et pour les satisfaire, il lui fera des avances sur le prix de son prochain remplacement. Le temps qui s'écoulera ainsi dans l'oisiveté et dans la fréquentation des mauvais sujets de la localité, pourra bien porter atteinte aux bonnes qualités de ce militaire. Nos craintes ne sont que trop justifiées par l'expérience du passé, et à l'appui de nos observations, nous pouvons citer avec confiance l'opinion très-nette de M. Vivien, « Les compagnies de remplacemens, dit l'ho-
« norable rapporteur, s'emparent des hommes qu'elles
« veulent exploiter, se chargent pendant tout le temps
« nécessaire aux formalités administratives de les loger,
« de les nourrir, et leur donnent souvent en peu de jours
« les plus détestables vices. Les devoirs militaires ne sont
« plus pour eux qu'un intolérable fardeau dont ils cher-
« chent à oublier les ennuis dans l'ivrognerie et le liber-
« tinage. » Mais enfin, ne voulant pas être pessimiste, nous nous plaisons à croire que ces remplaçans, par cela seul qu'ils sont, ou qu'ils ont été soldats, peuvent être encore moins mauvais que les remplaçans *non militaires* dont nous avons déjà parlé. Ces militaires hors des drapeaux, pour ainsi dire sans liens qui les rattachent à la vie civile ou à l'armée, espèce amphibie, formeront une catégorie à part, dont les agens de remplacemens tireront profit en les classant dans les premières qualités de leurs marchandises. Le prix sera coté par eux à un taux

assez élevé, précisément en raison de ce qu'ayant été militaires, l'autorité devra les accueillir avec plus de faveur que ceux qui n'ont jamais servi. Mais selon l'opinion de M. Vivien, que nous allons citer encore, les militaires en réserve ou en état de libération, qui se présenteront pour remplacer ne seront pas les *bons sujets*, et sous beaucoup de rapports ils auront perdu de leur mérite primitif. « Les habitudes qu'ils prendront hors du drapeau, dit M. le Rapporteur, leur feront perdre le goût de la vie militaire ; s'ils la reprennent, ils n'y seront le plus souvent rappelés que par le désœuvrement ou le besoin ; les bons sujets auront trouvé dans leur famille une occupation, des moyens d'existence, ils s'y seront mariés, et ce ne sont pas eux qui reviendront au régiment. Pendant leur absence, placés loin du regard de leurs chefs, ils n'en seront plus connus, comme les militaires toujours maintenus sous le drapeau. Ils n'offriront donc pas le double avantage d'une moralité éprouvée, et d'une expérience consommée qui rend si précieux les remplacemens par les anciens militaires (page 3o). »

Nous dirons pour cette seconde partie des *remplacemens par des militaires*, ce que nous avons dit pour la première, c'est que le père de famille, visant à l'économie, prendra de préférence un remplaçant au rabais. Dès lors les militaires pris en dehors des drapeaux, comme ceux pris dans les rangs de l'armée, ne seront placés que lorsque les pères de familles ne trouveront pas à traiter à de meilleures conditions. Les exceptions à cette règle seront rares ; rarement les remplacés traitent directement avec les remplaçans. En général, les jeunes gens se font assurer contre les chances du sort ; et dans ce cas, c'est la compagnie d'assurance qui se charge de fournir le remplaçant. Or, comme ces compagnies sont organisées par spéculations industrielles, et agissent dans leurs intérêts, et non pour la meilleure composition de l'armée, il est certain qu'elles s'arrangeront de manière à faire les plus grands bénéfices, et qu'ainsi, elles s'empresseront de faire admettre d'abord par les conseils de révision ceux qui devront leur procurer le plus de profit.

Si le système de remplacement proposé par le Gouvernement apporte à l'état actuel des choses quelque amélioration, ce sera un bienfait pour l'armée; mais elle n'en restera pas moins infectée de cette plaie profonde qui l'agite et la dévore. La surabondance de remplacemens qui est, comme on l'a dit avec tant de raison : « Un mal réel pour l'état militaire, un malheur pour l'armée française, » est loin de toucher à son apogée. Encore quelques années, et les remplaçans domineront dans l'effectif des corps. Le remède n'est donc pas dans les palliatifs auxquels on paraît avoir jusqu'ici voulu s'arrêter; le remède est dans la destruction même de la source du mal. C'est le tirage au sort, principe vicieux de sa nature, qui, forçant la loi à fléchir devant les arrêts d'un jeu de hasard, l'oblige à reconnaître comme *nécessité sociale* une exception aussi fatale à l'organisation de la force publique, qu'elle est onéreuse pour les familles. Une si dangereuse dérogation au principe général ne peut être maintenue comme une *nécessité*, alors qu'il est possible et même facile de la faire disparaître.

De la suppression des chances de hasard.

Les changemens dans les lois sont une chose fâcheuse, lorsqu'ils n'ont pour motif, ni des inconvéniens révélés par l'expérience, ni des améliorations évidentes que le changement introduirait. Mais lorsque tous les jours, et de toutes parts, on signale hautement des dangers si graves, qu'ils menacent de démoraliser l'armée et d'amoindrir la force nationale, il faut se hâter de les combattre, il faut détruire la cause qui les produit.

C'est sans doute une pensée hardie pour un simple citoyen, de conseiller au Gouvernement d'attaquer de front les dangers dans le sein même de l'institution du tirage au sort qui date de plus d'un demi-siècle, et de proposer un nouveau système de recrutement. Mais les améliorations qui doivent résulter de ce changement paraissent si évidentes, qu'il est permis d'espérer qu'elles seront accueillies avec faveur.

Nous l'avons déjà dit, le tirage au sort est une partie de jeu, où le hasard seul détermine les chances. Cette partie désastreuse pour beaucoup de familles est nuisible aux intérêts de l'État ; car l'État qui a le droit de demander à la population les meilleurs militaires, est obligé, pour n'être pas accusé d'injustice, de prendre comme soldats des jeunes gens qui ont à peine les qualités requises. Cette observation est pleinement justifiée par la commission de la Chambre des Députés, qui, mieux que nous, a été à même d'en apprécier toute l'importance. « Deux intérêts opposés, dit M. Vivien, son rapporteur, se débattent sans cesse devant le conseil de révision. L'intérêt des familles qui demande que l'ordre établi par le sort ne soit pas détruit, et veut, par conséquent, peu d'exemptions ; l'intérêt de l'armée qui réclame des soldats vigoureux, propres à la fatigue, capables de supporter les épreuves du service. On se plaint de la prédominance habituelle du premier de ces intérêts. Les corps reçoivent des hommes débiles que le plus petit effort épuise, que la moindre marche exténue ; et qui, s'ils sont envoyés au combat, n'opposent aucune résistance à l'ennemi. Parfois même, des jeunes gens admis par le conseil de révision ne sont pas reçus dans les corps, tant leur constitution est chétive ; l'armée se trouve doublement affaiblie, et par ceux qu'elle repousse, et qui néanmoins comptent dans le contingent, et par ceux qui entrent dans ses rangs et n'y peuvent servir utilement (page 16). » En effet, les régimens sont et doivent être plus exigeans que les conseils de révision. Les régimens n'envisagent que l'intérêt de l'armée ; ils veulent des hommes forts et robustes ; il leur faut des hommes *capables de servir utilement.* Les conseils de révision, au contraire, sont en présence des familles ; les unes ayant obtenu des numéros assez élevés, demandent que les exemptions ne détruisent pas *l'ordre établi par le sort,* afin que leurs enfans, robustes et bien constitués puissent échapper à la perception de l'impôt militaire. Les autres, celles qui ont pris les premiers numéros, insistent pour que leurs enfans soient dispensés du service pour cause d'infirmités, ou· de *faiblesse de constitution ;* celles-là veulent détruire les résultats d'une opération de hasard qui les a soumises à l'impôt le plus plus dur et le plus pénible.

Que peuvent faire les conseils de révision en semblable circonstance?... Ne pouvant substituer, quoique jury souverain, leur désir pour le bien public à la volonté expresse de la loi, ils déclarent aptes au service militaire tous les jeunes gens qui n'ont aucun cas de réforme suffisamment déterminé. Qu'importe que l'intérêt de l'armée en souffre!.... Qu'importe que l'individu chétif soit envoyé à l'hôpital dès son arrivée au regiment, ou qu'il périsse à la peine!.... Qu'importe que le jeune homme fort et vigoureux, capable de supporter les épreuves du service et les fatigues de la guerre, reste chez lui, exempt de toute participation à l'impôt!.... Qu'importe!.... la loi du sort l'a ainsi voulu ; le hasard a réglé les intérêts de l'État ; ses arrêts doivent être respectés. Mais si le sort et le hasard avaient réglé des intérêts civils ou commer-

ciaux, oh ! alors, les lois civiles et commerciales inter-
viendraient pour annuler, comme illicites et immorales,
les obligations qu'ils auraient fait naître ; et même, dans
certains cas, le ministère public se ferait un devoir d'in-
voquer les lois criminelles.

Heureusement les chefs de corps peuvent proposer
pour la réforme les jeunes soldats qui leur paraissent trop
faibles, et les inspecteurs généraux ont le droit de les
rendre à leurs familles ; de là viennent des embarras pour
les corps, des dépenses inutiles pour le Trésor, des pertes
pour les contingens, et pour l'armée un notable préjudice. On compte annuellement, terme moyen, environ
2,600 hommes par classe qui reçoivent des congés de
renvoi (1). Ces pertes proviennent de la trop grande
facilité avec laquelle les conseils de révision déclarent
aptes au service des jeunes gens, et surtout des remplaçans que des infirmités auraient dû en écarter (*Compte-
rendu*, 1841, page 9). — Ce ne sont là, encore, que
des conséquences du second ordre, produites par le
tirage au sort ; mais l'une de celles qui méritent la plus
sérieuse attention, c'est l'argent que coûtent les remplaçans. Lorsque nous avons dit que le remplacement
était onéreux pour les familles, nous espérions en donner la preuve mathématique, qui trouve ici sa place.

Le chiffre total des remplaçans admis par les Conseils
de révision, et de ceux admis par les corps du 1er janvier 1834 au 1er janvier 1841 est, avons-nous dit précédemment, de 136,810. Le prix de chacun, y compris
les diverses dépenses que le père de famille a été obligé
de faire, s'élève, d'après la moyenne annoncée devant la

---

(1) Chacun de ces hommes coûte à l'État, pour l'habillement, la solde,
les frais de maladies et de la route, une somme moyenne de 250 francs, ce
qui occasionne annuellement au Trésor public une perte de 650,000 francs.

Chambre des Pairs, à la somme de 2,000 fr. (1). D'où il résulte que ces 136,810 remplaçans ont coûté aux pères de famille, l'énorme somme de deux cent soixante-treize millions six cent vingt mille francs.

Cette somme monstrueuse, enlevée à la population industrielle, n'a servi qu'à propager dans l'armée le germe du mal qui excite aujourd'hui une rumeur générale, et à procurer aux tribunaux militaires l'occasion de réprimer de nombreux délits. Si l'on décomposait l'emploi de ces 273,620,000 francs, on verrait dans combien de mains impures le partage s'est effectué, combien d'actes frauduleux ils ont facilités ; on verrait surtout dans quels repaires la majeure partie de ces sommes est allée s'engloutir (2); mais il faudrait avoir le cœur de soulever

----

(1) En général, les remplaçans pour l'infanterie coûtent de 1,800 francs à 2,000 francs ; — mais, pour la cavalerie, l'artillerie et les armes spéciales, les prix s'élèvent selon les circonstances, de 2,000 à 2,400 francs. En 1840, par exemple, les chances de guerre firent monter les remplacemens : ils coûtaient de 2,500 à 3,000 francs. Si on ajoute à chacun de ces remplacemens les faux frais qu'ils occasionnent aux pères de famille, on verra que la moyenne de 2,000 francs, prise comme déboursés faits par les familles est loin d'être exagérée ; mais, le remplaçant ne touche en moyenne que 1,000 francs ; le reste est le bénéfice des proxenètes.

(2) De tous les actes de remplacement signalés comme entachés de fraude, pas un seul n'a été maintenu par les tribunaux (*Compte-Rendu au Roi*, 1843). — Au moment où nous écrivons ces lignes, cinq agens de remplacemens sont accusés devant la cour d'assises de la Seine d'avoir falsifié les pièces d'un remplaçant. « Il se passe peu de sessions, dit la *Gazette des Tribunaux*, où le jury n'ait à connaître d'affaires de faux en matière de remplacement. La sévérité déployée, dans quelques occasions récentes, par le jury et par les magistrats, n'a pu parvenir encore à mettre un terme à cette déplorable industrie, qui consiste à faire entrer dans les rangs de l'armée par les faux les plus audacieux des individus indignes d'y figurer. » Un de ces agens a été condamné, le 11 sept. 1843, à cinq ans de réclusion avec exposition publique, et deux autres à cinq ans de prison. » Le lendemain, la même cour était appelée à connaître d'une affaire

le voile honteux qui cache tant de débauches et de tur-
pitudes. Nous aimons mieux , par respect pour l'armée,
ne pas pénétrer plus à fond dans les mystères de cette
dépravation de mœurs, préliminaire habituel par lequel
sont obligés de passer ces hommes qui ne voient dans
le prix du remplacement qu'une prime jetée à leurs
mauvaises passions.

En somme , *le tirage au sort* fait peser lourdement sur
80,000 individus une charge qui devrait être supportée
par 320,000 familles. — N'est-ce pas là une grande injustice ?

---

dans laquelle on voit un remplaçant dissipant le prix de son remplacement
avec des repris de justice et des filles publiques, ses amis. A la suite d'une
orgie, les voleurs, sans respect pour l'amitié de leur amphytrion, volent
au remplaçant sa bourse, qui contient encore quelques pièces d'or. « Les
dépositions ont confirmé les faits énoncés dans l'acte d'accusation , dit le
même journal; onze témoins sont venus à tour de rôle raconter les circonstances ignobles de cette orgie si prolongée. L'un d'eux a fait connaitre
qu'entre six consommateurs, dont deux femmes, 44 bouteilles de vins
qualifiés champagne, bordeaux, pomard avaient été absorbées. Deux
convives de ce remplaçant ont été condamnés à six ans de réclusion et à
l'exposition. G...... est allé rejoindre le régiment du remplacé pour y faire
le service militaire à sa place. Quel soldat honnête , connaissant cet anté-
cédent , voudrait être le frère d'armes d'un homme qui vivait dans une société de voleurs et de prostituées!» (*Gaz. des Trib.* des 12 et 13 sept.)

Deux jours après, la cour jugeait un remplaçant qui avait eu recours
au faux pour tromper les agens de remplacemens, et qui, de plus, avait
commis un vol. Cet individu, nommé Balade, avait été admis par le conseil de révision de Versailles; mais, au moment où l'agent allait lui compter
1,000 francs pour sa part dans le prix du remplacement, un individu révéla
la fraude; Balade fut arrêté, et la cour d'assises l'a condamné à huit ans
de travaux forcés (*Le Droit* , 15 septembre 1843).

Nous ne rapportons ces faits, au lieu de mille autres, que parce qu'ils
apparaissent avec le mérite de l'à-propos. Nous pourrions ajouter que,
dans la même semaine, le conseil de guerre de Paris a condamné à la peine
de mort le remplaçant Grand-Guillaume, coupable de tentative de meurtre
sur la personne de son supérieur.

Le tirage au sort, en empêchant l'État de percevoir l'impôt militaire parmi tous les jeunes gens recrutables, prive l'armée d'un grand nombre d'hommes forts de santé et robustes de constitution. — N'est-ce pas là un préjudice pour l'État ?

Le tirage au sort contraint au service militaire des jeunes gens très-utiles à leurs familles ; ne pouvant se faire remplacer, ils abandonnent avec regret leur foyer domestique, et deviennent ordinairement des non-valeurs pour l'armée (1). — Ne sont-ce pas là de doubles pertes pour l'État et pour les familles ?

Le tirage au sort est la préoccupation constante de tous les pères de famille placés dans des conditions inférieures de fortune ; il effraie même certains esprits, au point que pour se soustraire à ses conséquences, on voit des individus qui mutilent leurs membres, d'autres qui attaquent leurs yeux, leurs dents, ou bien s'inoculent des maladies dangereuses. — Ne sont-ce pas là des malheurs pour l'humanité ?

Le tirage au sort oblige l'État à recevoir dans les rangs de l'armée cette multitude de remplaçans qui sont une lèpre pour l'état militaire. — N'est-ce pas là une calamité publique ?

Le tirage au sort : c'est la conscription, sous un autre nom. — C'est la violation de la Charte.

Comme on le voit, le tirage au sort procédant d'une source immorale et illicite, le jeu, amène le Gouverne-

---

(1) Au 1ᵉʳ janvier 1840, le nombre des insoumis restant à poursuivre était, d'après le dernier compte-rendu au Roi, de. . . . 9,013

Le nombre des déserteurs à poursuivre à cette époque était de 7,923

De 1831 à 1840, les conseils de guerre ont jugé :

7,071 jeunes soldats prévenus d'insoumission. . 7,071 ⎫
Et 7,438 comme prévenus de désertion. . . . 7,438 ⎭ 14,509

Total des non-valeurs 31,445

ment à sanctionner une grave injustice; l'État et les familles sont frappés dans leurs intérêts les plus chers;
l'humanité souffre elle-même d'un grand nombre d'attentats. Et cette plaie si profonde qui dévore l'armée,
ne menace-t-elle pas l'avenir de ses effrayans et inévi-
tables progrès ? — Il faut détruire la cause première de
tant de maux? Il faut, supprimant les chances de hasard,
retirer au *sort* le soin de régler l'impôt militaire. Il faut
rendre à l'État la plénitude de ses droits.

Avantages du nouveau systême.

Le nouveau mode de recrutement que nous proposons
aura le double avantage de détruire les inconvéniens et
les maux occasionnés par le tirage au sort, et de produire un bien immense pour l'armée et pour la population.

L'option que la nouvelle loi permettra d'accorder aux
pères de famille dissipera d'abord toutes les craintes qui
précèdent les appels de chaque classe ; les mutilations et
autres attentats individuels n'affligeront plus l'humanité,
et la justice n'aura plus à sévir contre de tels crimes.

L'État, pouvant étendre le choix de ses soldats, depuis le n° 1 jusqu'au dernier numéro, percevra en réalité l'impôt militaire sur toute la population recrutable. Ce mode fera entrer dans les rangs de l'armée des
hommes robustes qui, par leur numéro élevé, échap-
paient aux conseils de révision. En effet, sur les 130 à
140,000 hommes exemptés tous les ans par le sort, il en
est un très-grand nombre qui, soit par inclination, soit
par position personnelle, se seraient soumis de grand
cœur à faire le service militaire. Ces jeunes citoyens, qui
appartiennent à des familles honnêtes, seraient l'élément
le plus pur et le plus patriotique de l'armée ; mais le
mode actuel de recrutement prive l'État d'un si grand

avantage. Libres de tout impôt, ces jeunes gens, malgré leurs bonnes dispositions, ne cherchent pas à entrer au service militaire ; ils sont peu disposés à s'engager comme volontaires, et encore moins comme remplaçans.

Comme volontaires, ils sont retenus par cette considération si juste et si rationnelle, qu'après avoir rempli tous leurs devoirs, ils rentreront dans leurs foyers sans autre bénéfice que de bons certificats. Ils craignent, avec juste raison, de se retrouver, à l'âge de 28 ans, comme ils étaient à 20 ans; c'est-à-dire dans la nécessité de se créer un état, une industrie, mais avec cette différence qu'après avoir sacrifié leurs plus belles années, ils seront moins aptes à se livrer à un apprentissage. Tout leur conseille, alors, de penser au travail et à leur avenir; ils aiment mieux commencer immédiatement leur carrière dans la vie civile.

Comme remplaçans, ils ne veulent pas du service militaire, parce qu'il leur répugne de *vendre* leur liberté; animés de sentimens honorables, ils ne se laissent pas séduire par l'appât du prix d'un remplacement; ils sont trop fiers de leur propre estime et de leur bonne conduite pour se mettre à la disposition d'un recruteur.

Mais lorsque tous ces jeunes gens sauront qu'à la libération de leur classe ils auront droit à une juste récompense pécuniaire, vous verrez avec quel entraînement ils viendront se ranger sous les drapeaux de la patrie. Tous, soldats par leur propre volonté, autant que par goût pour la carrière militaire, et servant tous au même titre, ils seront animés d'une seule et même ambition; celle de se rendre dignes de l'estime et de l'intérêt de leurs chefs. Avec de tels hommes, la discipline sera facile et l'obéissance sans contrainte.

Les familles, loin de redouter la loi de recrutement, éleveront leurs enfans de manière à en faire de bons ci-

toyens et d'excellens soldats. A toutes ces sortes d'attentats qui, pour obtenir des exemptions, dégradent
l'humanité et avilissent ceux qui s'en rendent coupables,
succéderont de bons traitemens hygiéniques. La race ne
pourra que s'améliorer par le changement de systême.

Chaque père de famille saura que si son fils embrasse
la carrière des armes, non-seulement il pourra y acquérir
des grades et des honneurs, mais encore il rapportera, à
son retour, un pécule suffisant pour lui servir de dot dans
la vie civile; il saura que si son fils meurt au service de la
patrie, la famille héritera de ses droits à la répartition,
faible récompense, sans doute, mais juste dédommagement
d'une perte si chère. Ainsi, les familles ne seront plus
inquiétées ni par la pensée d'un sacrifice d'argent considérable, ni par la crainte de voir leurs enfans perdre
huit années dans les stériles emplois de la vie militaire.
Celles qui aimeront mieux les conserver à la vie civile,
se prépareront très-volontiers à verser dans la caisse
commune la modique *somme proportionnelle* destinée
à indemniser ceux qui auront adopté la carrière militaire; elles verseront leur part contributoire, avec
d'autant plus de satisfaction, qu'elles sauront qu'elle a
été fixée par un comité composé de citoyens entourés
de l'estime publique, ayant à cœur les intérêts de toutes
les parties. D'ailleurs, la somme qu'elles auront à donner
en échange des huit années du service personnel sera un
très-léger sacrifice, comparativement à celle qu'exigent
aujourd'hui les dépenses d'un remplacement, et même,
par comparaison, avec celle qu'il faut débourser pour
faire assurer les jeunes gens contre les chances du sort.
Dans le *maximum* appliqué aux familles possédant les
fortunes les plus considérables, les parts contributoires
ne seront que de 800 fr. au lieu de 2,000 fr., prix moyen
que coûte un remplaçant; somme également inférieure

à la prime de 1,000 à 1,200 fr. payée pour le cas d'assurance; elles ne seront, dans le *minimum*, appliqué aux familles de peu de fortune, ou vivant de leur travail, que de 100 francs, vingtième partie de celle de 2,000 fr. C'est entre ces deux limites que se trouveront classées, par fractions de cinquante francs, toutes les familles qui demanderont à dispenser leurs enfans du *service personnel.*

Quelque peu aisé que soit un père de famille, s'il veut conserver son fils, il lui sera facile de se procurer la somme nécessaire; dans ce cas, ce sera probablement celle de *cent* francs pour le *minimum*. Il lui suffira d'économiser sur son travail, ou sur celui de son fils un franc par semaine pendant les deux années qui précéderont l'appel de la classe. Du reste, en demandant à fournir le *service pécuniaire,* l'appelé entrevoit, sans nul doute, les moyens d'y faire face; il a l'espérance que, par un travail quelconque, il pourra, durant les huit années, faire des bénéfices plus importans que les avantages qu'il obtiendrait dans les rangs de l'armée.

Rappelons, en terminant sur ce point, qu'il doit y avoir des cas exceptionnels, où, sans sortir des limites de la loi, les conseils de révision pourront accorder des dispenses du service militaire *sans contribution.* D'après les calculs que nous avons faits, cette dispense peut être accordée, par approximation, à 35,000 familles, et l'on pourra sans nuire considérablement aux intérêts des *jeunes gens partans,* élever ce nombre à 40,000, et même au-delà en faveur des familles les plus malheureuses. Nous admettons aussi, qu'il pourra y avoir 10,000 familles ayant droit à l'exemption du service militaire sans contribution, pour les cas prévus par l'art. 15 de la loi. Nous indiquerons comme exemples le fils aîné de veuve, l'aîné d'orphelins, etc., lorsqu'ils seront dans des conditions de fortune à ne pouvoir pas être classés pour une part contributoire de 200 francs, c'est-à-dire lorsqu'ils ne seront pas dans l'aisance.

Le maximum étant de 800 francs et le minimum de 100 francs, nos calculs nous amènent à établir que le service pécuniaire donnant une moyenne de plus de 300 francs, produira, déduction faite de 45 à 50,000 dispenses, la somme de 62,250,000 francs, laquelle étant convertie en inscriptions de rentes sur l'État, s'élèvera, en y ajoutant les intérêts composés pendant huit ans, sur le taux de 4 pour cent, au chiffre de 83,000,000 fr.. Cette somme, répartie entre tous les ayant-droit, donnera aux hommes en activité un pécule de 1,300 francs, et à ceux restés dans leurs foyers en état de réserve la moitié; soit : 650 francs.

La somme totale que les pères de famille déboursent annuellement pour les 19 à 20,000 remplaçans entrés dans les rangs de l'armée, s'élève à environ 40,000,000 de francs supportés seulement par 20,000 familles de toutes les conditions; la plus grande partie de ces millions, on le sait, alimente le vice et la débauche; elle sert aussi à beaucoup d'autres mauvaises actions.

La somme totale que les pères de famille verseront pour les contingens de chaque classe sera environ de 62,250,000 francs, moitié en sus de celle absorbée actuellement par les remplaçans, et près de 200,000 familles, au lieu de 20,000, seront réunies pour fournir cette somme proportionnellement à leur fortune.

Ainsi, le principe de l'égalité des charges, mis à la place du jeu, étant sagement appliqué, aura pour résultat de former une somme beaucoup plus considérable et d'alléger cependant le fardeau de toutes les familles.

Nous ne pourrions sans une présomption bien grande

prétendre avoir tout prévu, sans erreur ni méprise, dans l'appréciation que nous avons faite de toutes les parts contributoires proportionnelles. Mais, forcé de formuler notre pensée, et nous étant d'ailleurs entouré de tout ce qu'il nous était possible de réunir de renseignemens, nous avons dû nous rendre compte du produit présumable des versemens à faire par les familles soumises au *service pécuniaire* par suite de leur option. L'administration est pourvue de tous les documens nécessaires à la solution de cette question toute de pratique.

On objectera peut-être qu'avec la grande facilité accordée pour se dispenser du service, chacun aimera mieux fournir sa part contributoire, et qu'ainsi il sera difficile de former le contingent nécessaire à l'armée. Cette objection aurait quelque apparence de vérité avec un mode de recrutement, qui *condamne* les jeunes Français à passer *huit années stériles* sous les drapeaux ; mais elle tombe devant les avantages réels, certains, que doit procurer aux soldats, caporaux et sous-officiers le changement de système. La population n'aura plus à se débattre contre les exigences de l'impôt ; elle ne verra devant elle qu'une carrière de plus ouverte à ses nombreux enfans.

La faculté d'option laissée aux appelés de chaque classe, loin de présenter une insuffisance de demandes de service actif, donnera toujours un excédant. Nous ne pensons pas qu'il soit besoin d'insister sur l'énorme différence, déjà démontrée, entre la position du soldat d'aujourd'hui et l'avenir de l'homme qui, en optant pour le service actif, se sera assuré un pécule et aura en perspective tous les autres avantages d'une loi bienveillante.

Désormais l'armée ne recevra dans son sein que des contingens composés de jeunes gens forts et robustes, doués de la meilleure volonté, au lieu de ces conscrits chétifs, si bien caractérisés par l'honorable M. Vivien ; au lieu de ces autres conscrits timorés, qui abandonnent avec regret le foyer domestique, s'éloignent avec peine du lieu qui les a vu naître, et n'endossent l'uniforme qu'avec répugnance.

L'une des causes qui contribuent le plus à éteindre l'esprit militaire dans la classe des soldats et des sous-officiers, c'est la stérilité même de la carrière. Dans toutes les classes de la société, l'aisance, la fortune, le luxe ont fait des progrès immenses, l'état du soldat est seul resté stationnaire ; mais lorsque la législation, adoptant notre système, aura réglé les avantages que les bons soldats doivent retirer de leurs services, vous verrez renaître dans toutes nos jeunes générations ces belliqueux instincts qui feront de la carrière des armes une vocation impérieuse.

De récens événemens font foi que cet esprit si national, si français, se manifeste au moindre bruit de guerre par les enrôlemens volontaires. En 1830 et 1831, alors que la France pouvait se trouver dans la nécessité de soutenir l'épée à la main ses droits, son indépendance et ses libertés, n'avons-nous pas vu avec quel enthousiasme les engagés volontaires accouraient dans les rangs de l'armée (1) ? C'est que l'élan patriotique de la nation laissait entrevoir à nos jeunes Français qu'avec les périls de la guerre, il surgissait aussi pour eux une nouvelle et brillante carrière. Le cœur plein d'espérance, de patriotisme, ils avaient foi dans leur avenir.

En 1834, 1835 et 1836, au contraire, quand l'Eu-

---

(1) Le nombre des engagemens volontaires pendant les deux années de de 1830 et 1831 s'est élevé à 42,000 — En 1832, il n'a été que de 11,908 ; — en 1833, de 5,591.

rope est en paix, alors que les bruits de guerre disparaissent, la décroissance dans les engagemens volontaires devient telle, que M. le Ministre de la guerre croit devoir en constater la cause dans le compte rendu au Roi.

« Depuis 1831, dit le Ministre, le nombre des engagemens volontaires, va toujours en décroissant; ainsi cette ressource pour le recrutement de l'armée, échappe toujours davantage à mesure que l'état de paix se prolonge et que le bien-être de la population augmente; 3,227 jeunes gens seulement se sont engagés volontairement en 1836. »

Mais en 1840, lorsqu'à la suite du traité du 15 juillet, la paix du monde parut menacée, les engagés volontaires se présentèrent de nouveau et déjà au 31 décembre de cette année, on en trouve 7,527 inscrits; plus que le double de 1836. La guerre n'a pas lieu, cependant l'horison politique permet de croire qu'elle est encore possible, les engagemens sont presque stationnaires, ils ne subissent qu'une très-légère diminution.

Qu'on ne suppose donc pas qu'une ardeur qui est en France un trait distinctif du caractère national, vienne jamais à s'affaiblir ou à s'éteindre. Mais qu'on se rende compte bien plutôt du sentiment qui doit affecter le soldat, lorsqu'avec la constitution actuelle de l'armée, il voit son temps se consumer dans l'oisiveté de la caserne; — ces belles années de jeunesse, d'intelligence et d'activité physique qui devraient être si profitables pour son avenir! — Les dispositions législatives changeant, le sentiment martial inné dans le cœur de tous les Français se produira sans entraves.

Avec notre système de recrutement, vous n'aurez plus à poursuivre les délits d'insoumission, dont le nombre s'augmente tous les jours. L'arriéré de 11,069 insoumis que le tirage au sort laisse aux conseils de guerre à juger, ne pourra plus s'accroître (1). Le Gouvernement économisera un jour les dépenses affectées à la recherche de ces hommes qui, avec les déserteurs, forment un nombre si considérable de citoyens, en quelque sorte *mis hors la loi.* Dans leur état anormal, ne pouvant ni se marier, ni former aucun établissement, ils vivent en concubinage, et ne travaillent qu'en se cachant d'un pays dans un autre; ou bien, se perdant dans les tourbillons populaires des grandes cités, ils y mènent une vie précaire et incertaine qui trouble l'ordre social.

Il est certain que ce n'est point par couardise que la généralité de ces hommes refusent d'aller dans les rangs de l'armée. En effet, l'armée trouve-t-elle beaucoup de contrées qui lui fournissent des soldats meilleurs que les enfans de l'Auvergne? Et, cependant, à elle seule, l'Auvergne compte actuellement plus de 2,000 insoumis sur 11,069 qui sont à poursuivre. Citons aussi, pour exemple, le département des Basses-Pyrénées, qui fournit à lui seul 1,514 insoumis, tandis que les autres 85 départemens, y compris même l'Auvergne, n'en comptent que 9,555. — Pourquoi cette énorme différence? Est-ce à dire que les Basques ont peur des dangers? Non, mais dans la crainte de voir s'écouler huit années de leur vie sans résultats avantageux, ils aiment mieux aller chercher fortune dans la vie aventureuse des mers glaciales. Les Auvergnats sont moins téméraires et moins audacieux que les Basques; la misère du sol natal qui les force à l'émigration, les oblige dès leur jeune âge à apporter leurs bras vigoureux dans les villes industrielles; l'amour du travail les y retient, et les besoins de la famille leur font oublier

---

(1) Dans une note précédente, nous avons dit qu'au 1er janvier 1840, il restait 9,013 insoumis à poursuivre; — mais, au 1er janvier 1841, ils étaient 10,603, — et au 1er janvier 1842, le nombre s'est élevé à 11,069.

les devoirs du citoyen. — En sera-t-il de même avec la juste et équitable répartition de l'impôt militaire, telle que nous l'entendons?

La masse des condamnations pour désertions frappe particulièrement sur les remplaçans, et sur les jeunes gens qui ne sont entrés dans les rangs que comme contraints et forcés. Le nouveau système faisant disparaître ces deux causes principales, il est évident que la désertion deviendra extrêmement rare. Le déserteur devant être privé de tous ses droits à la répartition des sommes, il y aura peu de militaires qui se mettront dans le cas d'encourir cette privation. Les absences illégales seront moins fréquentes.

Toutes les prévisions de la loi sont combinées de manière à permettre à l'autorité militaire d'exercer sur les troupes une discipline sans rigueur. Tandis que d'une part les condamnations pour crime et pour délit peuvent motiver la privation de tout ou partie des droits à la répartition, de l'autre, les infractions disciplinaires diminueront les chances d'obtenir, par la suite, les diverses places, ou autres avantages concédés par la loi.

Le service militaire fini, le soldat rentrera dans ses foyers, et c'est là, au sein de sa famille, au milieu de ses amis qu'il recevra des mains de l'autorité municipale, le mandat portant l'ordre de lui payer la somme provenant de la répartition. Il est probable que celui qui pendant huit ans aura bien servi son pays, saura faire un bon emploi d'un pécule si légitimement acquis. Du moins, il ne sera point livré à d'avides spéculateurs, il sera au milieu des siens, et les conseils de prudence et d'économie ne lui manqueront pas.

Comparez l'usage des *quarante millions*, absorbés annuellement par les remplaçans au détriment de 20,000 familles dont plusieurs se sont ruinées, comparez-le à l'emploi de ces *soixante millions*, fournis par 200,000 familles, dont pas une n'aura été ruinée, ni même trop grevée, et dites si le jeu de hasard que la loi actuelle fait jouer aux familles par la voie du tirage au sort, ne produit pas des conséquences désastreuses?..... Dites si le nouveau mode de recrutement, au contraire, ne produira point par la force de sa moralité des avantages immenses?..... La population et l'armée verront heureusement leurs intérêts si opposés sur cette matière, se marier et se concilier de la manière la plus favorable. Ainsi recrutée, dégagée des remplaçans et profondément liée à la nation, l'armée française sera forte, vigoureuse et d'une supériorité incontestable.

La société en général trouvera aussi dans ce mode de recrutement une économie de la plus haute importance. Après avoir offert une carrière honorable à tous les jeunes Français, l'armée répandra dans les campagnes des sommes considérables. Ces sommes enlevées à la dissipation et à la débauche des villes, viendront alimenter les besoins de l'agriculture. Bienfait inappréciable, qui détruira la misère d'un grand nombre de communes et augmentera le bien-être de beaucoup de cantons; et plus d'un soldat, libéré du service, devra son salut aux sages prévisions de la loi. Combien, en effet, n'en est-il pas de ces braves militaires qui, désœuvrés, après être sortis des rangs de l'armée, vont se perdre misérablement parmi les populations vicieuses des grandes cités? Obligés de rentrer au foyer domestique, où le pécule doit aller les rejoindre, ils rendront aux travaux agricoles ces bras qu'ils auront vaillamment prêtés au service de la patrie; ils deviendront bons pères de famille, et seront d'excellens citoyens. Si jamais un cri de guerre se faisait entendre, si l'armée avait besoin d'auxiliaires, la France pourrait les compter au premier rang de ses plus valeureux défenseurs.

Conclusion.

Il est de principe que tous les citoyens doivent à l'âge de vingt ans, le service militaire à leur patrie. — Il est de fait, que chaque année les listes de recensement contiennent les noms de 3oo à 32o,ooo jeunes Français ayant l'âge requis.

Or, l'obligation de faire le service militaire pour le temps utile au pays, incombe à toute cette jeune population ;

Donc, chacun de ces jeunes Français est en droit de dire : « Le gouvernement ne prenant que 8o,ooo hommes par classe annuelle, — le quart des inscrits, — chacun de nous ne doit au pays que le quart des huit années prescrites ; c'est-à-dire deux ans. »

Mais, si afin d'obtenir des troupes instruites et expérimentées, on exige des mêmes individus une continuité de service pendant huit ans, il n'en est pas moins vrai que le principe de l'impôt reste toujours le même pour tous. La difficulté n'est que dans le mode d'exécution et de répartition.

Or, le gouvernement en quadruplant la charge des premiers 8o,ooo hommes, dégrève les autres de toute participation au paiement d'une dette sacrée ;

Donc, il est de toute justice que ceux qui font le service militaire, tant pour leur compte personnel que pour le compte des autres, soient indemnisés par ceux qui ne le font pas.

De là vient la division de la dette en *service personnel,* et en *service pécuniaire.*

Le *service pécuniaire,* tel que nous pensons qu'il doit être réglé, produira annuellement une somme d'environ 6o,ooo,ooo francs. — La plus forte partie de cette somme sera versée par les familles qui habitent les villes ; c'est là que se trouvent les grandes fortunes, et les hommes disposés à rester dans la vie civile. L'autre sera fournie, en minime partie, par les familles des campagnes ; c'est là que se trouvent les petites fortunes ; mais c'est là aussi, que se trouveront les hommes disposés à embrasser la carrière militaire qui sera profitable même pour le *simple soldat*.

Quels seront les plus robustes soldats ? — Ceux qui viendront des campagnes. — Animés des meilleurs sentimens, soumis à leurs chefs, ils feront d'excellens militaires. — Avantage immense pour la composition de l'armée.

Lorsque la répartition arrivera, dans quels lieux iront les plus fortes sommes ? — Évidemment dans les campagnes. — Avantage immense pour leur population.

Ainsi, on pourrait en quelque sorte traduire notre combinaison par ces mots : La ville qui est riche, mais énervée, fournira l'argent ; la campagne qui est pauvre, mais robuste, fournira les hommes vigoureux.

Heureuse compensation !

La loi qui livre aux chances du hasard la répartition de l'impôt militaire est une loi injuste, inconstitutionnelle ; elle viole l'art. 2 de la Charte. — Toute loi injuste a pour effet de jeter la perturbation dans l'ordre social, et notamment dans la partie qu'elle veut organiser.

La loi de 1832, fille de la conscription, ne trouble-t-elle pas le repos des familles ? N'accable-t-elle pas celles qui ne peuvent donner un remplaçant à leurs fils ?

N'est-ce pas au nom de l'armée, dans l'intérêt de sa bonne composition, et pour la moralité des troupes que, depuis bientôt trois ans, le Ministre de la guerre a demandé aux Chambres que la loi fût changée ?

Cette loi n'amène-t-elle pas le Gouvernement à proclamer comme une *nécessité sociale* ce qui est considéré par les Chambres et par le Gouvernement lui-même comme « un mal réel pour l'état militaire, — un malheur pour l'armée française, — une plaie d'une profondeur mmense? »

Non, une calamité si grande n'est pas, et ne peut pas être une *nécessité*. — Il est possible d'y remédier.

Y a-t-il intérêt pour la loi la plus importante à la gloire du pays ; pour la loi qui devrait être la plus pure, la plus sainte ; pour la loi protectrice du territoire, et sauvegarde de l'ordre intérieur, à être maintenue sur une base aussi injuste qu'elle est vicieuse? — Certainement, non. — Il y a, au contraire, un intérêt décisif à la rétablir sur ses vrais principes : *l'appel obligé*, et *l'égalité des charges*. La loi sera plus morale, plus patriotique; l'armée sera plus fortement constituée.

Rentrez dans le principe de droit public proclamé par la constitution, et le mal dont on se plaint si amèrement cessera d'exister. — Non-seulement vous tarirez l'une des sources fécondes qui alimentent la dépravation et la débauche, en leur versant des millions, mais encore, avec ces mêmes millions, vous releverez de leur misère un grand nombre de campagnes, et vous ferez fructifier l'agriculture.

Rentrez dans le principe si juste et si rationnel de l'égalité des charges, et vous verrez l'autorité militaire et la population, rapprochées par les mêmes sympathies, se rallier et s'unir pour donner au pays la meilleure composition de la force publique. La France, fière d'une si belle armée, vraiment nationale, conservera la prépondérance qui lui appartient dans les destinées du monde.

Projet

D'UN PROJET DE LOI

SUR LE

RECRUTEMENT DE L'ARMÉE.

TITRE Ier.

Dispositions générales.

ART. Ier.

Tout citoyen français doit le service militaire à sa patrie.
A l'âge de vingt ans révolus, il contribue au recrutement de
l'armée, soit par le service personnel, soit par le service pécuniaire, selon les règles ci-après prescrites.

* ART. 2 (1).

Nul ne sera admis dans les troupes françaises s'il n'est
Français.

Sont exclus du service militaire et ne pourront, à aucun titre,
servir dans l'armée :

1° Les individus qui ont été condamnés à une peine afflictive
ou infamante ;

2° Ceux qui, ayant été condamnés à une peine correctionnelle de deux ans d'emprisonnement et au-dessus, ont, en ou-

---

(1) Tous les articles précédés d'un astérique sont les mêmes dans le projet
de loi adopté par la Chambre des Pairs.

tre, été placés, par le jugement de condamnation, sous la sur-
veillance de la haute police, ou interdits, en tout ou en partie,
des droits civiques, civils ou de famille.

ART. 3.

L'armée se compose, dans les proportions qui résultent des
lois annuelles de finances et du contingent:

1° De l'effectif entretenu sous les drapeaux;
2° Des hommes en réserve dans leurs foyers.

TITRE II.

Des Appels.

SECTION PREMIÈRE.

De la Répartition.

ART. 2.

La répartition, entre les départemens, du nombre d'hommes
à fournir en vertu de la loi annuelle du contingent, pour les
troupes de terre et de mer, sera faite par une ordonnance
royale, proportionnellement au nombre des jeunes gens inscrits
sur les listes du tirage de la classe appelée. Cette ordonnance
sera insérée au *Bulletin des Lois.*

Si, par suite de circonstances extraordinaires, le nombre
des jeunes gens inscrits sur les listes du tirage de quelques
cantons ou départemens ne peut être connu dans le délai qui
aura été déterminé par une ordonnance du Roi, ce nombre
sera remplacé pour les cantons ou départemens en retard, par
la moyenne des jeunes gens inscrits sur les listes de tirage des
dix classes précédentes.

La sous-répartition du contingent assigné à chaque département aura lieu entre les cantons, proportionnellement au
nombre des jeunes gens inscrits sur la liste de tirage de chaque
canton.

Elle sera faite par le préfet en conseil de préfecture, et ren-
due publique par voie d'affiches.

Dans le cas où les listes de tirage de quelques cantons ne seraient pas parvenues en temps utile au préfet, il sera procédé pour la sous-répartition, à l'égard des cantons en retard, de la manière indiquée au deuxième paragraphe du présent article.

SECTION II.

Du Tirage.

ART. 5.

Le contingent assigné à chaque canton sera fourni par les jeunes gens qui, ayant complété leur vingtième année dans le courant de l'année précédente, auront leur domicile légal dans le canton.

Il sera fait un tirage pour établir un ordre de numéros selon lequel les jeunes gens seront appelés devant le conseil de révision, et inscrits sur les registres matricules.

Les individus nés en France de parens étrangers et admis à jouir du bénéfice de l'article 9 du Code civil, concourront, dans les cantons où ils seront domiciliés, au tirage qui suivra la déclaration qu'ils auront faite en vertu dudit article.

Les individus naturalisés Français, concourront également dans les cantons où ils seront domiciliés, au tirage qui suivra leur naturalisation, à moins qu'ils n'aient trente ans révolus au moment du tirage.

ART. 6.

Seront considérés comme légalement domiciliés dans le canton :

1° Les jeunes gens, même émancipés, engagés, établis au dehors, expatriés, absens ou en état d'emprisonnement, si d'ailleurs leur père, mère ou tuteur ont leur domicile dans une des communes du canton, ou si leur père expatrié avait son domicile dans une desdites communes;

2° Les jeunes gens mariés dont le père, ou la mère à défaut de père, sont domiciliés dans le canton, à moins qu'ils ne justifient de leur domicile réel dans un autre canton;

7.

3° Les jeunes gens mariés et domiciliés dans le canton, alors même que leur père ou leur mère n'y seraient pas domiciliés;

4° Les jeunes gens nés et résidant dans le canton, qui n'auraient ni leur père, ni leur mère ni tuteur;

5° Les jeunes gens résidant dans le canton, qui ne seraient dans aucun des cas précédens, et qui ne justifieraient pas de leur inscription dans un autre canton.

Art. 7.

Seront, d'après la notoriété publique, considérés comme ayant l'âge requis pour le tirage, les jeunes gens qui ne pourront produire ou n'auront pas produit avant le tirage un extrait des registres de l'état civil, constatant un âge différent, ou qui, à défaut de registres, ne pourront prouver ou n'auront pas prouvé leur âge, conformément à l'article 46 du Code civil. Ils prendront le rang de numéro qu'ils auront obtenu.

Art. 8.

Les tableaux de recensement des jeunes gens du canton soumis au tirage d'après les règles précédentes, seront dressés par les maires :

1° Sur la déclaration à laquelle seront tenus les jeunes gens, leurs parens ou tuteurs;

2° D'office, d'après les registres de l'état civil et tous autres documens ou renseignemens.

Ils seront ensuite publiés et affichés dans chaque commune, et dans les formes prescrites par les articles 63 et 64 du Code civil.

Un avis publié dans les mêmes formes indiquera les lieu, jour et heure où il sera procédé à l'examen desdits tableaux, et à la désignation du contingent cantonal.

Art. 9

Si dans les tableaux de recensement ou les tirages des années précédentes, des jeunes gens ont été omis, ils seront inscrits sur les tableaux de recensement de la classe qui sera appelée après la découverte de l'omission, à moins qu'ils n'aient trente ans accomplis à l'époque de la clôture de ces tableaux.

' Art. 10.

Dans les cantons composés de plusieurs communes, l'examen des tableaux de recensement et le tirage auront lieu au chef-lieu de canton, en séance publique, devant le sous-préfet, assisté des maires du canton. Dans les communes qui forment un ou plusieurs cantons, le sous-préfet sera assisté du maire et de ses adjoints.

Le tableau sera lu à haute voix. Les jeunes gens, leurs parens ou ayant-cause, seront entendus dans leurs observations. Le sous-préfet statuera, après avoir pris l'avis des maires. Le tableau rectifié, s'il y a lieu, et définitivement arrêté, sera revêtu de leurs signatures.

Dans les cantons composés de plusieurs communes, l'ordre dans lequel elles seront appelées pour le tirage sera, chaque fois, indiqué par le sort.

* Art. 11.

Le sous-préfet inscrira, en tête de la liste du tirage, les noms des jeunes gens qui se trouveront dans les cas prévus par l'avant-dernier paragraphe de l'article 51 et par le second paragraphe de l'art. 66 ci-après, ainsi que ceux des omis qui auront accompli leur vingt-quatrième année.

Les premiers numéros leur seront attribués de droit : ces numéros seront, en conséquence, extraits avant l'opération du tirage.

* Art. 12.

Avant de commencer l'opération du tirage, le sous-préfet comptera publiquement les numéros et les déposera dans l'urne, après s'être assuré que leur nombre est égal à celui des jeunes gens appelés à y concourir; il en fera la déclaration à haute voix.

Aussitôt après, chacun des jeunes gens appelés dans l'ordre du tableau prendra dans l'urne un numéro qui sera immédiatement proclamé et inscrit. Les parens des absens, ou à leur défaut, le maire de leur commune, tireront à leur place.

L'opération du tirage achevée sera définitive : elle ne pourra, sous aucun prétexte, être recommencée, et chacun gardera le numéro qu'il aura tiré, ou qu'on aura tiré pour lui.

La liste par ordre de numéros sera dressée à mesure que les numéros seront tirés de l'urne. Il y sera fait mention des cas et des motifs d'exemption ou de dispense que les jeunes gens ou leurs parens, ou les maires des communes, se proposeront de faire valoir devant le conseil de révision, dont il sera parlé ci-après. Le sous-préfet y ajoutera ses observations.

La liste du tirage sera ensuite lue, arrêtée et signée de la même manière que le tableau de recensement, et annexée avec ledit tableau au procès-verbal des opérations. Elle sera publiée et affichée dans chaque commune du canton.

Art. 13.

Seront exemptés du service personnel, mais soumis à un service pécuniaire proportionné à leur fortune, ou à celle de leur père et mère, ou autres ascendans :

1° Ceux qui n'auront pas la taille de un mètre cinquante-cinq centimètres.

2° Ceux qui, en raison de quelque difformité physique, auront été déclarés par le conseil de révision impropres à porter les armes.

Art. 14.

Seront exemptés du service militaire et dispensés de toute participation pécuniaire ceux qui, en raison de la gravité de leurs maladies ou de leurs infirmités, seront dans l'impuissance de se livrer à un travail utile.

Art. 15

Seront dispensés du service militaire et de toute participation pécuniaire, sauf les dispositions du dernier paragraphe de cet article, les jeunes gens qui se trouveront dans l'un des cas suivans :

1° L'aîné d'orphelins de père et de mère ;

2° Le fils unique ou l'aîné des fils, ou, à défaut de fils ou de gendre, le petit-fils unique ou l'aîné des petits-fils d'une femme actuellement veuve, ou d'un père aveugle ou entré dans sa soixante-dixième année;

Dans les cas prévus par les paragraphes ci-dessus, 1° et 2°, le frère puîné jouira de l'exemption, si le frère aîné est aveugle ou atteint de toute autre infirmité incurable qui le rende impotent;

3° Le plus âgé de deux frères appelés à faire partie du même contingent, lorsque le plus jeune entrera dans la formation de ce même contingent;

4° Celui dont un frère sera sous les drapeaux;

5° Celui dont un frère sera mort sous les drapeaux, aura été réformé ou admis à la retraite, soit pour blessures reçues dans un service commandé, soit pour infirmités contractées dans les armées de terre ou de mer.

Dans les cas prévus aux paragraphes 4° et 5° ci-dessus, l'exemption sera accordée dans la même famille autant de fois que les mêmes droits s'y reproduiront.

Seront comptées néanmoins en déduction desdites exemptions, les exemptions déjà accordées aux frères vivans, en vertu du présent article, à tout autre titre que celui d'infirmité.

Le jeune homme omis qui ne se sera pas présenté par lui ou ses ayant-cause pour concourir au tirage de la classe à laquelle il appartenait, ne pourra réclamer le bénéfice des exemptions indiquées par le présent article, si les causes de ces exemptions ne sont survenues que postérieurement à la clôture des listes du contingent de sa classe.

Néanmoins, si les individus dispensés en vertu des paragraphes 1, 2 et 4 de cet article, sont, par leur fortune personnelle ou celle de leur mère veuve, ou père aveugle, ou entré dans sa soixante-dixième année, susceptibles d'être classés dans le service pécuniaire pour une part contributoire de 200 fr. et au-dessus, ils devront verser à la masse cantonale la somme proportionnelle à laquelle ils seront assujétis, conformément à l'art. 17 de la loi.

ART. 16.

Seront considérés comme ayant satisfait à l'appel, et comptés numériquement, sous le titre de dispensés, dans le contingent à former, les jeunes gens désignés par par leur numéro pour faire partie dudit contingent qui se trouveront dans l'un des cas suivans.

1° Ceux qui seraient déjà liés au service, dans les armées de terre ou de mer, en vertu d'un engagement volontaire, d'un brevet ou d'une commission; .

2° Les jeunes marins portés sur les registres matricules de l'inscription maritime, conformément aux règles prescrites par les art. 1, 2, 3, 4 et 5 de la loi du 25 octobre 1795 (3 brumaire an IV), et les charpentiers de navire, perceurs, voiliers et calfats immatriculés, conformément à l'art. 44 de ladite loi;

3° Les élèves de l'École polytechnique et ceux de l'école dite de Jeunes de langues, à condition qu'ils passeront, soit dans ladite école, soit dans les services publics, un temps égal à celui qui est fixé par la présente loi pour le service militaire;

4° Les membres de l'instruction publique et les élèves de l'école normale centrale de Paris, dont l'engagement de se vouer pendant dix ans à la carrière de l'enseignement aura été accepté par le conseil royal de l'université avant l'époque déterminée pour le tirage;

5° Les professeurs des institutions royales des sourds-muets, aux mêmes conditions que les membres de l'instruction publique;

6° Les élèves ecclésiastiques désignés à cet effet par les archevêques et par les évêques, et les jeunes gens autorisés à continuer leurs études pour se vouer au ministère dans les autres cultes salariés par l'État, sous la condition qu'ils seront assujettis au service militaire pendant tout le temps fixé par l'art. 39 ci-après, s'ils cessent de suivre la carrière en vue de laquelle ils auront été comptés numériquement dans le contingent, ou si, à vingt-six ans, les premiers ne sont pas entrés dans les ordres majeurs et les seconds n'ont pas reçu la consécration. Ceux qui auront perdu le bénéfice de la dispense prévue au présent paragraphe feront partie de la réserve de leur département, mais ils ne pourront être retenus au service que jusqu'à l'âge de trente ans révolus; les dispositions de l'art. 21 ci-après leur seront applicables;

7° Les jeunes gens qui auront remporté les grands prix de l'Institut ou de l'Université.

Lorsque les jeunes gens désignés aux paragraphes 1°, 2°, 3°, 4°, 5° et 6° du présent article, cesseront d'être dans l'une des positions indiquées audit article, avant d'avoir accompli les conditions qu'il leur impose, ils seront tenus :

1° D'en faire la déclaration au maire de leur commune dans l'année où ils auront cessé leurs services, fonctions ou études, et de retirer expédition de leur déclaration ;

2° D'accomplir le temps de service prescrit par la présente loi.

Faute par eux de faire la déclaration ci-dessus, et de la soumettre au visa du préfet du département dans le délai d'un mois, ils seront passibles des peines prononcées par le premier paragraphe de l'art. 52 de la présente loi.

Ils seront rétablis comme disponibles dans le contingent de leur classe; mais le temps écoulé depuis la cessation de leurs services, fonctions ou études, jusqu'au moment de la déclaration, ne comptera pas dans les années de service exigées par la présente loi.

SECTION III.

Du service pécuniaire.

ART. 17.

Les jeunes gens qui ne feront pas partie du contingent, sauf les cas d'exemptions, contribueront au recrutement de l'armée par un service pécuniaire proportionné à leur fortune personnelle, ou à celle de leur père et mère, et, à leur défaut, à celle de leurs ascendans.

Cette part contributoire sera fixée par un comité de répartiteurs, conformément aux bases établies par une ordonnance royale. Elle ne pourra être moindre de 100 fr., ni excéder 800 fr.; elle devra être versée avant la clôture des opérations du conseil de révision.

Le comité sera composé, pour chacun des arrondissemens de département, 1° du président du tribunal de première instance, ou d'un juge délégué par lui; 2° du juge-de-paix du canton; 3° du contrôleur des contributions directes, et de deux membres du conseil d'arrondissement nommés par le préfet. Les maires des communes assisteront aux séances de ce comité; ils y auront voix consultative.

ART. 18.

La somme totale produite par chacun des cantons sera inscrite au secrétariat général de la préfecture, et versée dans la caisse du receveur-général du département.

Toutes les sommes réunies formeront un capital départemental, qui sera converti en une inscription de rentes sur l'État, au nom de la classe qui l'aura fourni. Les arrérages semestriels seront perçus et capitalisés jusqu'au moment de l'expiration du service exigé par la présente loi.

Il sera créé une caisse centrale qui sera spécialement chargée du mouvement de ces fonds.

ART. 19.

A l'époque de la libération de la classe, la somme capitale, augmentée des intérêts composés, sera répartie entre les jeunes gens qui auront été compris dans le contingent; à cet effet, le Gouvernement sera chargé de faire procéder à la réalisation du capital. Une première répartition sera faite entre tous les départemens, dans la proportion du nombre d'hommes que chacun aura fourni au contingent de cette classe; une sous-répartition aura lieu entre tous les cantons dans la même proportion.

ART. 20.

Les jeunes gens qui auront été laissés dans leurs foyers comme faisant partie de la réserve, n'auront droit qu'à la moitié de la part qu'ils auraient eue s'ils avaient été mis en activité de service.

Néanmoins, cette disposition ne sera point applicable à ceux qui, après cinq années de service effectif, auront été, soit par des nécessités budgétaires, soit pour cause de maladie, ou toute autre cause grave, mis dans le cadre de réserve, en vertu d'une décision ou d'une autorisation du Ministre de la guerre.

Art. 21.

Ne seront point compris dans la répartition du capital et arrérages cumulés, ceux qui étant considérés comme ayant satisfait à l'appel du recrutement, sont désignés dans les §§ 3, 4, 5, 6 et 7 de l'article 16 de la loi.

Cette disposition est applicable aux élèves de l'école spéciale militaire de Saint-Cyr, à moins que le droit à la répartition ne soit acquis à l'élève, comme ayant fait partie d'un régiment avant son admission dans cette école.

Art. 22.

En cas de décès pendant la durée du service, les héritiers du militaire décédé profiteront, à l'époque de la liquidation, des deux tiers de sa part s'il est mort en activité.

Ils ne profiteront que d'un tiers s'il est mort en congé, ou faisant partie de la réserve, à moins que ce ne soit par suite de blessures ou de maladies contractées à l'armée, ou dans un service commandé, auxquels cas les héritiers auraient droit aux deux tiers, comme s'il eût été en activité sous les drapeaux.

Art. 23.

Seront privés de tous droits à cette répartition :

1° Ceux qui, avant l'époque de la libération de leur classe, auront été condamnés à des peines afflictives et infamantes, soit par les cours d'assises, soit par les tribunaux militaires;

2° Ceux qui auront été condamnés pour désertion, bien qu'ils soient rentrés sous les drapeaux après avoir subi leur peine;

3° Ceux qui seront signalés comme déserteurs au moment de la libération de leur classe.

Art. 24.

Seront privés de la moitié de leurs droits à la répartition :

1° Ceux qui, depuis la clôture définitive de la liste du contingent auront été condamnés deux fois à la peine de plus d'un mois de prison pour chaque condamnation, ou une seule fois à plus de deux ans de prison;

2° Ceux qui pendant la durée du service seraient condamnés à une peine correctionnelle pour vol, escroquerie, abus de confiance, ou attentat aux mœurs;

3° Ceux qui auront été condamnés pour les délits d'*omission*, d'*insoumission*, ou pour s'être mutilés;

4° Ceux qui auront été condamnés pour s'être fait exempter par fraudes par un conseil de révision;

5° Ceux qui, par mesure disciplinaire, auront été envoyés aux bataillons ou compagnies de discipline;

6° Ceux qui seront dans les cas prévus par le § 4 de l'art. 41 et le § 2 de l'art. 66.

En cas d'une nouvelle condamnation après celles énoncées au présent article, les militaires qui l'auront encourue seront privés de l'autre moitié de leurs droits à la répartition.

Art. 25.

Les retenues opérées en vertu des articles précédens profiteront à la masse générale.

Art. 26.

Les droits qui appartiennent aux militaires soit en activité, soit en réserve, sur cette répartition sont incessibles. Les sommes devant en provenir seront insaisissables tant qu'elles seront au pouvoir de l'autorité civile, ou de l'autorité militaire; elles ne rentreront dans le droit commun que lorsqu'elles auront été remises aux ayant-droit.

SECTION IV.

Du Conseil de révision.

* Art. 27.

Le conseil de révision sera composé ainsi qu'il suit :

Du préfet, président, ou, à son défaut, du conseiller de préfecture qu'il aura délégué;

D'un conseiller de préfecture;

D'un membre du conseil général du département;

D'un membre du conseil de l'arrondissement, tous trois à la désignation du préfet;

D'un officier général ou d'un officier supérieur.

Un membre de l'intendance militaire assistera aux opérations du conseil de révision; il sera entendu toutes les fois qu'il le demandera, et pourra faire consigner ses observations aux registres des délibérations.

Le conseil de révision ne pourra procéder à ses opérations, si quatre au moins de ses membres ne sont présens. En cas de partage égal des voix, celle du président sera prépondérante.

Ce conseil se transportera dans les divers cantons; toutefois, suivant les localités, les opérations du conseil se feront dans le même lieu pour plusieurs cantons, si le préfet le juge nécessaire.

Le sous-préfet, ou le fonctionnaire par lequel il aurait été suppléé pour les opérations du tirage, assistera aux séances que le conseil de révision tiendra dans l'étendue de son arrondissement.

Il y aura voix consultative.

Les maires des communes auxquelles appartiendront les jeunes gens appelés devant le conseil de révision, assisteront aux séances et pourront être entendus.

Art. 28.

Le conseil de révision vérifiera, en séance publique, les opérations du recrutement; il statuera sur les réclamations auxquelles ces opérations auront donné lieu; il jugera les causes d'exemption et de dispense de toute nature qui lui seront présentées.

Il procédera à la formation de la liste définitive des contingens.

Art. 29.

Hors les cas prévus par les art. 35, 36 et 51 de la présente loi, les décisions des conseils de révision seront définitives.

Elles pourront néanmoins être attaquées devant le Conseil-d'Etat pour incompétence ou excès de pouvoir.

Elles pourront aussi être attaquées pour violation de la loi, mais par le Ministre seulement, et dans l'intérêt de la loi.

Toutefois, l'annulation profitera aux parties lésées.

Art. 30.

Les jeunes gens seront appelés devant le conseil de révision par ordre de numéros ; ils seront immédiatement entendus dans leurs réclamations. Ils seront visités par des médecins ou chirurgiens qui constateront leur aptitude au service militaire.

Sur la déclaration affirmative, le président demandera à l'appelé s'il entend participer au recrutement de l'armée par le *service personnel*, ou par le *service pécuniaire*. La déclaration d'option sera consignée au procès-verbal.

Le conseil de révision procédera ainsi jusqu'à l'entier épuisement de la liste de chaque contingent cantonal.

Si les jeunes gens ne se rendent point à la convocation, ou ne se font pas représenter ; s'ils n'obtiennent pas un délai, ou ne se font pas autoriser à passer devant le conseil de révision du département dans lequel ils se trouvent en résidence, il sera procédé comme s'ils étaient présens.

Dans ce dernier cas, le conseil de révision pourra, sur les renseignemens qui lui seront fournis par le maire de la commune, ou autres, comprendre l'absent sur la liste du contingent pour le service personnel, ou le soumettre au service pécuniaire, selon qu'il le jugera convenable au bien du service public.

Art. 31.

Dans le cas d'insuffisance de volontés exprimées dans un canton pour le service personnel, une compensation s'établira avec l'excédant de volontés exprimées dans un autre canton du même département. En conséquence, il sera prélevé sur le canton en déficit autant de parts contributoires qu'il y aura eu d'hommes à fournir pour compléter son contingent ; elles seront versées dans la caisse de l'autre canton. Ces parts seront prises d'après la moyenne établie par le comité de répartiteurs.

Si un ou plusieurs cantons ne pouvaient par ce moyen, compléter leur contingent, soit dans l'arrondissement, soit dans le

département, le conseil de révision désignera pour les compléter les premiers numéros inscrits sur la liste du tirage d'ordre
du canton en déficit, pourvu que leur aptitude militaire ait été
constatée lors de la révision, et qu'ils ne se trouvent dans
aucun des cas d'exemption ou de dispense légales.

Ces jeunes gens ainsi appelés seront de plein droit les derniers inscrits sur la liste du contingent départemental; ils seront compris dans le cadre de réserve pour être maintenus
dans leurs foyers, à moins que le nombre d'hommes mis en
activité de service par ordonnance royale n'oblige à arriver
jusqu'à leurs numéros.

Jusqu'au jour de la clôture de la liste du contingent départemental, les substitutions de numéros sur la liste cantonale
pourront être autorisées par le conseil de révision, si celui qui
se présente à la place de l'appelé est reconnu propre au service
militaire.

<h3 style="text-align:center">Art. 32.</h3>

Dans le cas où le nombre de volontés exprimées dans un
département excéderait le chiffre du contingent départemental,
le conseil de révision choisira ceux qui selon leur aptitude militaire, leur constitution physique, ou leur profession devront
obtenir la préférence pour être admis dans les rangs de l'armée.

Ceux que le conseil de révision sera dans l'obligation d'écarter seront soumis *au service pécuniaire*, à moins qu'ils ne justifient que leur famille est dans l'impossibilité de payer le *minimum*.

Néanmoins, il leur sera permis, même après la clôture de la
liste départementale, de permuter avec des jeunes gens de la
même classe qui, pour cause d'un déficit départemental, auront
été, conformément à l'article précédent, appelés à compléter le
contingent. La part contributoire alors due par ces derniers,
sera versée à la masse des cantons auxquels appartiendront les
premiers.

<h3 style="text-align:center">Art. 33.</h3>

Les permutations ne pourront avoir lieu qu'entre les jeunes
gens appartenant aux départemens de la même division mili-

taire. Les demandes en permutation devront être approuvées par les préfets des départemens des deux permutans ; elles seront soumises à la sanction du lieutenant-général commandant la division.

* ART. 34.

Les cas d'exemption autres que ceux pour infirmités, et les cas de dispense, seront jugés sur la production de documens authentiques, ou, à défaut de documens, sur des certificats signés de trois pères de famille domiciliés dans le même canton, dont les fils sont soumis à l'appel ou ont été appelés, et sont sous les drapeaux. Ces certificats devront, en outre, être signés et approuvés par le maire de la commune du réclamant.

* ART. 35.

Lorsque des jeunes gens désignés pour faire partie du contingent cantonal auront fait des réclamations dont l'admission ou le rejet dépendra de la décision à intervenir sur des questions judiciaires relatives à leur état ou à leurs droits civils, des jeunes gens en pareil nombre, suivant l'ordre du tirage, seront désignés pour suppléer ces réclamans, s'il y a lieu. Ils ne seront définitivement compris dans le contingent que dans le cas où, par l'effet des décisions judiciaires, les réclamans seraient libérés.

Ces questions seront jugées contradictoirement avec le préfet, à la requête de la partie la plus diligente.

Les tribunaux statueront sans délai, le ministère public entendu, sauf appel.

* ART. 36.

La disposition du premier paragraphe de l'article précédent sera appliquée lorsque, aux termes de l'art. 54 ci-après, des jeunes gens auront été déférés aux tribunaux comme prévenus de s'être rendus impropres au service, ou lorsque le conseil de révision aura accordé un délai, soit pour production de pièces justificatives, soit pour motif d'absence. Ce délai ne pourra excéder vingt jours.

Art. 37.

Après que le conseil de révision aura statué sur les cas d'exemption et ceux de dispense, ainsi que sur toutes les réclamations auxquelles les opérations du recrutement auront pu donner lieu, la liste du contingent de chaque canton sera définitivement arrêtée et signée par le conseil de révision, et les noms inscrits seront proclamés.

Les jeunes gens qui, aux termes des articles 35 et 36, sont appelés à défaut d'autres, ne seront inscrits sur la liste du contingent que conditionnellement et sous la réserve de leurs droits.

Le conseil déclarera ensuite que les jeunes gens qui ne sont pas inscrits sur cette liste sont ou seront définitivement libérés après le versement de leur part contributoire proportionnelle. Cette déclaration, avec l'indication du dernier numéro compris dans le contingent cantonal, sera publiée et affichée dans chaque commune du canton.

Dès que les délais accordés en vertu de l'article 36 seront expirés, ou que les tribunaux auront statué en exécution des articles 35 et 54, le conseil prononcera de la même manière la libération des réclamans, ou des jeunes gens conditionnellement désignés pour les suppléer.

Le conseil de révision pourra statuer ultérieurement sur les demandes de permutation.

La réunion de toutes les listes du contingent de chaque canton d'un même département formera la liste du contingent départemental.

SECTION V.

Du service militaire.

Art. 38.

Les jeunes gens définitivement compris dans le contingent seront immédiatement répartis entre les corps de l'armée ; ils seront mis en activité en vertu d'ordonnances royales, et d'après l'ordre de leurs numéros selon l'arme qui leur aura été assignée.

Lorsque le contingent ne sera pas appelé en totalité sous les drapeaux, les jeunes soldats laissés dans leurs foyers seront assimilés aux militaires en congé illimité.

* Art. 39.

La durée du service des jeunes soldats appelés sera de huit ans, qui compteront du 1er juillet de l'année dans laquelle ils auront été inscrits sur les contrôles de l'armée.

En temps de paix, les militaires qui auront achevé leur temps de service recevront leur congé de libération le 30 juin de chaque année.

En temps de guerre, ils le recevront à l'arrivée du contingent destiné à les remplacer, dans les divisions d'armée ou dans les corps auxquels ils appartiennent.

Art. 40.

Les militaires qui, avant d'avoir droit à un congé définitif, cesseront de faire partie de l'effectif soldé, recevront des congés illimités pour rester en réserve, et former, avec les jeunes soldats laissés dans leurs foyers, le complément de l'armée.

Le nombre et la répartition de ces congés entre les corps de l'armée, seront déterminés par le Ministre de la guerre selon les nécessités du service.

Ils seront délivrés, dans chaque corps ou fraction de corps, en commençant par les militaires des classes qui auront cinq années de service effectif, de telle sorte qu'une fraction de chaque contingent reste sous les drapeaux, jusqu'à la libération de la classe. Ceux qui feront connaître l'intention de ne pas profiter de leur congé pourront être autorisés à rester au corps.

Art. 41.

Les hommes en réserve pourront être soumis à des appels et à des exercices qui seront déterminés par le Ministre de la guerre.

En cas d'absence ou de désobéissances, ils seront punis disciplinairement par le général commandant la subdivision.

Après une deuxième punition, ils seront, pour la troisième faute, passibles du maximum des peines disciplinaires, et, en outre, il sera fait un rapport au lieutenant-général, qui pourra, selon la gravité des circonstances, demander au Ministre de la guerre que ces jeunes soldats soient incorporés dans les bataillons ou compagnies de discipline.

Cette incorporation leur fera perdre la moitié de leurs droits sur la répartition de la somme appartenant à leur classe.

Les hommes en réserve pourront être appelés sous les drapeaux par ordonnances royales, d'après l'ordre des classes, en commençant par la moins ancienne.

Art. 42.

Dans l'année qui précédera la libération de chaque classe, les jeunes soldats libérables qui se trouveront actuellement sous les drapeaux, déclareront, s'ils le désirent, qu'ils entendent continuer le service militaire pour une nouvelle période de huit années. Ces déclarations devront être faites dans les régimens avant le 1er octobre; elles seront transmises avec un état annoté à MM. les intendans militaires qui les feront parvenir au ministre de la guerre.

Art. 43.

Dans le cas d'un trop grand nombre de déclarations, le Ministre de la guerre pourra, selon les besoins du service, faire la réduction nécessaire. Le maintien sous les drapeaux sera accordé de préférence aux soldats, caporaux et sous-officiers qui, d'après les annotations des chefs de corps, seront les plus dignes d'obtenir cette faveur.

Des congés de libération définitive seront expédiés aux militaires non maintenus sous les drapeaux.

Art. 44.

Les noms des soldats, caporaux et sous-officiers, autorisés à continuer le service militaire, seront envoyés au préfet du département auquel ils appartiennent; ils seront inscrits en tête de la liste du contingent de leur canton originaire, pour prendre part à l'appel de la classe qui suivra leur libération.

Ils jouiront des mêmes avantages que les jeunes gens de la nouvelle classe appelée, et leur nombre viendra en déduction de celui des hommes que le canton doit fournir. Cette position, ne changera rien aux droits qui leur seront acquis irrévocablement sur la classe libérée, et dont ils ne pourront être privés, même dans les cas prévus par la présente loi, pour des faits postérieurs à la libération.

Art. 45.

Le Ministre de la guerre, et par délégation les lieutenans-généraux commandant les divisions, pourront autoriser des permutations entre les militaires de la réserve, et ceux qui doivent rester sous les drapeaux. Dans ce cas, l'un achèvera le temps du service de l'autre, ét celui-ci accomplira dans la réserve les devoirs du premier.

Art. 46.

Les stipulations d'intérêt relatives à ces permutations et à celles permises par les articles 32 et 33, ne pourront porter que sur les parts futures que l'un et l'autre des deux permutans pourront avoir dans la répartition de la somme due à leur contingent.

Toutes autres conditions pécuniaires sont déclarées nulles; elles seront considérées comme non avenues et ne produiront aucun effet.

TITRE III.

De l'Engagement et du Rengagement.

SECTION PREMIÈRE.

De l'Engagement.

* Art. 47.

Tout Français sera reçu à contracter un engagement volontaire aux conditions suivantes :

L'engagé volontaire devra :

1° S'il entre dans l'armée de terre, avoir dix-huit ans accomplis, et avoir la taille de 1 mètre 55 centimètres ; néanmoins, et par exception, l'engagement volontaire pourra être contracté à l'âge de dix-sept ans par les élèves admis à l'école spéciale militaire de Saint-Cyr ;

2° S'il entre dans l'armée de mer, avoir seize ans accomplis, sans être tenu d'avoir la taille prescrite par la loi ; s'il y entre à dix-huit ans, il ne pourra être reçu qu'autant qu'il aura cette taille ;

3° S'il a moins de vingt ans, justifier du consentement de ses père et mère, ou tuteur. Ce dernier devra être autorisé par une délibération du conseil de famille ;

4° N'être ni marié, ni veuf avec enfans ;

5° Etre porteur d'un certificat délivré par le maire de la commune de son dernier domicile, et s'il ne compte pas au moins une année de séjour dans cette commune, il sera tenu d'en produire également un autre du maire de la commune ou des maires des communes où il aura été domicilié pendant le cours de cette année.

Le certificat ne sera valable qu'autant qu'il aura été revêtu de l'approbation du sous-préfet. Il devra, en outre, être visé par le préfet, s'il doit en être fait usage hors du département.

Il devra contenir le signalement de l'engagé volontaire, énoncer la durée du temps pendant lequel il a été domicilié dans chacune des communes qu'il a habitées pendant la dernière année, et attester :

1° Qu'il est de bonne vie et mœurs ;

2° Qu'il jouit de ses droits civils ;

3° Qu'il n'a jamais été condamné à l'une des peines énoncées en l'article 2 de la présente loi, ni à une peine correctionnelle, pour vol, escroquerie, abus de confiance ou attentat aux mœurs.

Les conditions relatives, soit à l'aptitude militaire, soit à l'admissibilité dans les différens corps de l'armée, seront déterminées par ordonnance royale insérée au *Bulletin des Lois*

— 118 —

Art. 48.

La durée de l'engagement volontaire sera de huit ans, à partir du 1er juillet qui suivra la date de l'acte.

L'engagé volontaire qui sera entré au service militaire avant l'appel de sa classe, sera considéré comme ayant simplement devancé cet appel, et les huit années de services courront à partir de l'époque ci-dessus. Il sera compris dans le contingent du canton où il avait son dernier domicile, et viendra, conformément à l'article 16 de la présente loi, en déduction du nombre d'hommes à fournir par ce canton. Il aura droit à la répartition des sommes appartenant à la classe dont il fera partie, à moins qu'il n'y renonce expressément dans l'acte même d'engagement.

Dans le cas où l'engagé aurait plus de 21 ans, et renoncerait à prendre part à la répartition des sommes, la durée de l'engagement sera de trois ans au moins, et de huit ans au plus; il ne pourra, hors le cas de licenciement, être envoyé en congé illimité sans son consentement.

Les engagemens dont la durée serait inférieure à huit ans ne donneront pas lieu à l'exemption prononcée par le paragraphe 4 de l'article 15.

* Art 49.

Les engagemens volontaires seront contractés dans les formes prescrites par les articles 34, 35, 36, 37, 38, 39, 40, 42 et 44 du Code civil, devant les maires des chefs-lieux de canton.

Le Roi désignera les fonctionnaires qui, hors des départemens du royaume, pourront comme officiers de l'état civil ou comme appelés à les suppléer, recevoir les engagemens volontaires.

Les conditions relatives à la durée des engagemens seront insérées dans l'acte même.

Les autres conditions seront lues aux contractans avant la signature, et mention en sera faite à la fin de l'acte; le tout sous peine de nullité.

SECTION II.

Du Rengagement.

Art. 50.

Les rengagemens ne pourront être contractés que dans les cas prévus par les articles 42 et 43, dans le cours de la dernière année de service due par le contractant. A l'expiration de cette année, ils donneront droit à une haute paie.

TITRE IV.

Dispositions pénales.

Art. 51.

Toutes fraudes ou manœuvres, par suite desquelles un jeune homme aura été omis sur les tableaux de recensement ou sur les listes du tirage, seront déférées aux tribunaux ordinaires et punies d'un emprisonnement d'un mois à un an.

Seront déférés aux mêmes tribunaux et punis de la même peine :

1° Les jeunes gens appelés qui, par suite d'un concert frauduleux, se seront abstenus de comparaître devant le conseil de révision;

2° Les jeunes gens qui, à l'aide de fraudes ou manœuvres, se seront fait exempter par un conseil de révision, sans préjudice de peines plus graves en cas de faux.

Les auteurs ou complices, autres que les jeunes gens appelés seront punis des mêmes peines.

Si le jeune homme omis a été condamné comme auteur ou complice de fraudes ou manœuvres, les dispositions de l'article 11 lui seront appliquées lors du premier tirage qui aura lieu après l'expiration de sa peine.

Le jeune homme indûment exempté sera rétabli sur la liste cantonale du contingent de sa classe, et le jeune soldat inscrit sur cette liste, par suite de l'exemption indûment obtenue, sera soumis à la contribution pécuniaire proportionnelle.

Art. 52.

Tout appelé, au domicile duquel un ordre de route aura été régulièrement notifié, et qui ne sera pas arrivé à sa destination au jour fixé par cet ordre, sera, après un mois de délai, et hors le cas de force majeure, puni, comme insoumis, d'un emprisonnement d'un mois à un an.

Ces dispositions seront applicables à tout engagé volontaire qui, sans motifs légitimes, ne sera pas arrivé à sa destination dans le délai fixé par sa feuille de route.

En cas d'absence du domicile, et lorsque le lieu de la résidence sera inconnu, l'ordre de route sera notifié au maire de la commune dans laquelle l'appelé ou le remplacé aura concouru au tirage.

A l'égard des appelés, le délai d'un mois sera porté :

1º A quatre mois, s'ils demeurent en Algérie, dans la Grande-Bretagne, dans les Etats limitrophes de la France et dans les îles voisines desdites contrées;

2º A six mois, s'ils demeurent dans les autres pays de l'Europe;

3º A un an, s'ils demeurent dans tout autre pays.

L'insoumis sera jugé par le conseil de guerre de la division militaire dans laquelle il aura été arrêté.

Le temps pendant lequel l'engagé volontaire, ou l'appelé aura été insoumis, ne comptera pas dans les années de service exigées.

Art. 53.

Quiconque sera reconnu coupable d'avoir recélé ou d'avoir pris à son service un insoumis, sera puni d'un emprisonnement qui ne pourra excéder six mois. Selon les circonstances, la peine pourra être réduite à une amende de vingt à deux cents francs.

Quiconque sera convaincu d'avoir favorisé l'évasion d'un insoumis, sera puni d'un emprisonnement d'un mois à un an.

La même peine sera prononcée contre ceux qui, par des manœuvres coupables, auraient empêché ou retardé le départ des jeunes soldats.

Si le délinquant est fonctionnaire public, employé du Gouvernement ou ministre d'un culte salarié par l'État, la peine pourra être portée jusqu'à deux années d'emprisonnement, et il sera, en outre, condamné à une amende qui ne pourra excéder deux mille francs.

* Art. 54.

Les jeunes gens appelés à faire partie du contingent de leur classe, qui seront prévenus de s'être rendus impropres au service militaire, soit temporairement, soit d'une manière permanente, dans le but de se soustraire aux obligations imposées par la présente loi, seront déférés aux tribunaux par les conseils de révision, et s'ils sont reconnus coupables, ils seront punis d'un emprisonnement d'un mois à un an.

Seront également déférés aux tribunaux, et punis de la même peine, les jeunes gens compris dans le contingent de leur canton, qui, dans l'intervalle de la clôture de ce contingent à leur mise en activité, se seront rendus coupables du même délit.

A l'expiration de leur peine, les uns et les autres seront mis à la disposition du Ministre de la guerre, pour tout le temps du service militaire qu'ils doivent à l'État.

La peine portée au présent article sera prononcée contre les complices, indépendamment d'une amende de deux cents francs à mille francs, qui pourra être prononcée, et sans préjudice de peines plus graves dans les cas prévus par le Code pénal. Si les complices sont des médecins, chirurgiens, officiers de santé ou pharmaciens, la durée de l'emprisonnement sera de deux mois à deux ans.

* Art. 55.

Ne comptera pas pour les années de service exigées par la présente loi, le temps pendant lequel un militaire aura subi la peine de l'emprisonnement en vertu d'un jugement.

* Art. 56.

Tout fonctionnaire ou officier public, civil ou militaire, qui, sous quelque prétexte que ce soit, aura autorisé ou admis des exemptions, dispenses ou exclusions autres que celles déterminées par la présente loi, ou qui aura donné arbitrairement une extension quelconque soit à sa durée, soit aux règles ou conditions des appels, des engagemens ou des rengagemens, sera coupable d'abus d'autorité, et puni des peines portées dans l'article 185 du Code pénal, sans préjudice des peines plus graves prononcées par ce Code dans les autres cas qu'il a prévus.

* ART. 57.

Les médecins, chirurgiens ou officiers de santé qui, appelés au conseil de révision à l'effet de donner leur avis conformément à l'art. 30, auront reçu des dons ou agréé des promesses pour être favorables aux jeunes gens qu'ils doivent examiner, seront punis d'un emprisonnement de deux mois à deux ans.

Cette peine leur sera appliquée, soit qu'au moment des dons ou promesses ils aient déjà été désignés pour assister au conseil, soit que les dons ou promesses aient été agréés dans la prévoyance des fonctions qu'ils auraient à y remplir.

Il leur est défendu, sous la même peine, de rien recevoir, même pour une exemption ou réforme justement prononcée.

* ART. 58.

Dans tous les cas non prévus par les dispositions précédentes, les tribunaux civils et militaires, dans les limites de leur compétence, appliqueront les lois pénales ordinaires aux délits auxquels pourra donner lieu l'exécution du mode de recrutement déterminé par la présente loi.

Dans tous les cas où la peine d'emprisonnement est prononcée par la présente loi, les juges pourront, suivant les circonstances, user de la faculté exprimée par l'article 463 du Code pénal.

TITRE V.

Dispositions particulières.

* ART. 59.

Les jeunes gens appelés au service en exécution de la présente loi, recevront dans le corps auquel ils seront attachés, et autant que le service militaire le permettra, l'instruction prescrite pour les écoles primaires.

Art. 60.

Tout militaire ayant fait le service de deux classes pourra, sur sa demande, être admis à continuer le service militaire. En conséquence, il sera porté pour cette troisième période en tête de la liste du contingent de son canton originaire; il y jouira des mêmes avantages que pour les deux précédentes, et il sera procédé à son égard conformément à l'article 44 et suivans

Art. 61.

Le Ministre de la guerre se concertera avec le Ministre des finances pour que, dans le courant de chaque année, il soit mis à sa disposition, à la fin des semestres de juin et de décembre, le tiers des places qui viendront à vaquer dans les administrations des douanes et des postes, et qui seraient de nature à être occupées par des sous-officiers de l'armée ayant au moins seize ans de services.

Les caporaux et soldats ayant le même nombre d'années de service, et qui, par leur conduite, seront dignes de la confiance de l'autorité, seront placés soit comme gardes forestiers, soit comme gardes champêtres, jusqu'à concurrence de la moitié des places qui seront devenues vacantes dans le courant de la dernière année de leur service. Ils y seront nommés à la fin de chaque semestre de juin et de décembre.

Art. 62.

Un réglement d'administration publique, approuvé par le Roi, déterminera, en outre, la nature des places qui seront réservées pour les caporaux et sous-officiers dans les autres branches d'administration publique. Ce réglement fixera les appointemens qui devront y être attachés.

Lorsque ces militaires auront atteint et complété leur trentième année de service, ils pourront être mis en retraite, et leurs pensions seront liquidées conformément aux réglemens en vigueur.

Art. 63.

Les corps de la garde municipale et de la gendarmerie se recruteront : en premier lieu, parmi les sous-officiers et caporaux qui auront passé sous les drapeaux toute la première période de huit années ; en second lieu, parmi les sous-officiers, caporaux et soldats qui auront fait une deuxième ou troisième période, bien qu'ils aient passé une partie de ce temps en état de réserve.

Art. 64

Les compagnies sédentaires de sous-officiers et de fusiliers vétérans, et autres compagnies de vétérans, restent ouvertes aux sous-officiers, caporaux et soldats non placés administrativement. Les conditions d'admission restent les mêmes.

Il n'est rien changé au mode de recrutement des corps de sapeurs-pompiers.

Art. 65.

Tout militaire réformé par suite de blessures reçues, ou de maladies contractées à l'armée, pourra être autorisé à recevoir, par anticipation, dans ses foyers, tout ou partie de la somme qui devra lui appartenir dans la répartition à la fin du service de sa classe.

Art. 66.

Tout jeune Français qui n'aura pas versé sa part contributoire à l'époque fixée par l'administration, sera contraint au paiement par les voies ordinaires. Le recouvrement sera exercé contre qui de droit, sur un exécutoire délivré par le préfet du département.

Celui qui aura opté, ou pour lequel on aura fait option de contribuer au recrutement de l'armée par le service pécuniaire, et qui n'aura pas exécuté cet engagement, sera, un mois après avoir été mis en demeure de payer, déchu de son option. En conséquence, le sous-préfet l'inscrira pour être porté, après les individus omis, en tête de la liste du contingent de l'année suivante. Il sera, en outre, privé de la moitié des droits à la répartition des sommes appartenant à sa classe.

* Art. 67.

Nul ne sera admis, avant l'âge de trente ans accomplis, à un emploi civil ou militaire, s'il ne justifie qu'il a satisfait aux obligations imposées par la présente loi.

TITRE VI.

Dispositions transitoires.

Art. 68.

Les sous-officiers, caporaux et soldats de la classe libérable dans le courant de la présente année, seront admis à faire les déclarations prescrites par les articles 42 et suivans.

Art. 69.

Les militaires servant actuellement en qualité de remplaçans, qui demanderont à continuer le service, seront portés sur la liste du canton dans lequel ils auront concouru au tirage pour leur compte personnel.

Les conseils d'administration des régimens pourront refuser de recevoir leurs déclarations lorsque, par leur conduite antérieure, ils n'auront pas mérité la faveur de rester dans l'armée.

Art. 70.

Dans tous les cas, les conseils de révision de recrutement et les conseils d'administration des corps pourront ne pas admettre à faire une deuxième et troisième période les militaires en réserve qui, au moment des opérations du recrutement, n'auraient plus les qualités requises pour faire le service militaire.

* Art. 71.

Les dispositions de la présente loi ne seront applicables qu'à partir de l'année qui suivra sa promulgation.

' Art. 72.

Le Français dont un frère est mort ou a reçu des blessures qui le rendent incapable de servir dans l'armée, en combattant pour la défense des lois et de la liberté dans les journées de juillet 1830, jouira de l'exemption accordée par l'article 15, paragraphes 5 de la présente loi à celui dont le frère est mort en activité de service, ou a été admis à la retraite pour blessures reçues dans un service commandé.

* Art. 73.

A partir de l'année qui suivra la promulgation de la présente loi, toutes les dispositions des lois et décrets antérieurs, relatives au recrutement de l'armée, seront et demeureront abrogées.

TABLE DES MATIÈRES.

FIN DE LA TABLE.